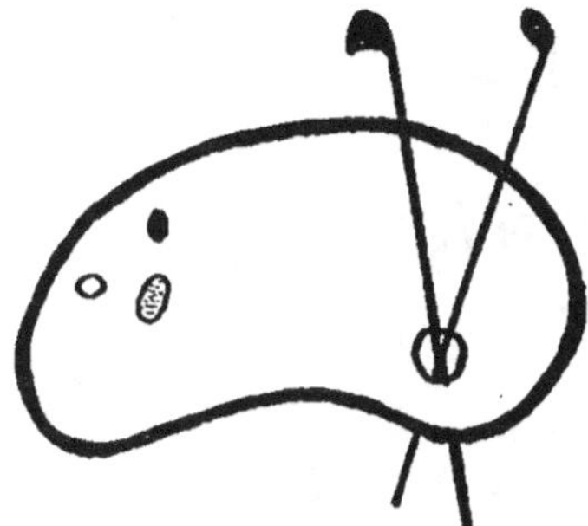

DEBUT D'UNE SERIE DE DOCUMENTS
EN COULEUR

Couverture inférieure manquante

DROIT ROMAIN

ACTION EXERCITOIRE

DROIT FRANÇAIS

DE LA FACULTÉ D'ABANDON

EN DROIT MARITIME

THÈSE POUR LE DOCTORAT

Soutenu le Samedi 9 Juin 1894, à 1 heure

PAR

André AUZOUX

Avocat à la Cour d'Appel.

Président : M. LE POITTEVIN
Suffragants : MM. LEFEBVRE, ESMEIN, } professeurs
JAY, agrégé.

PARIS

LIBRAIRIE GÉNÉRALE DE JURISPRUDENCE

de MM. MARCHAL & BILLARD, Éditeurs

PLACE DAUPHINE, 27, ET RUE SOUFFLOT, 5

1894

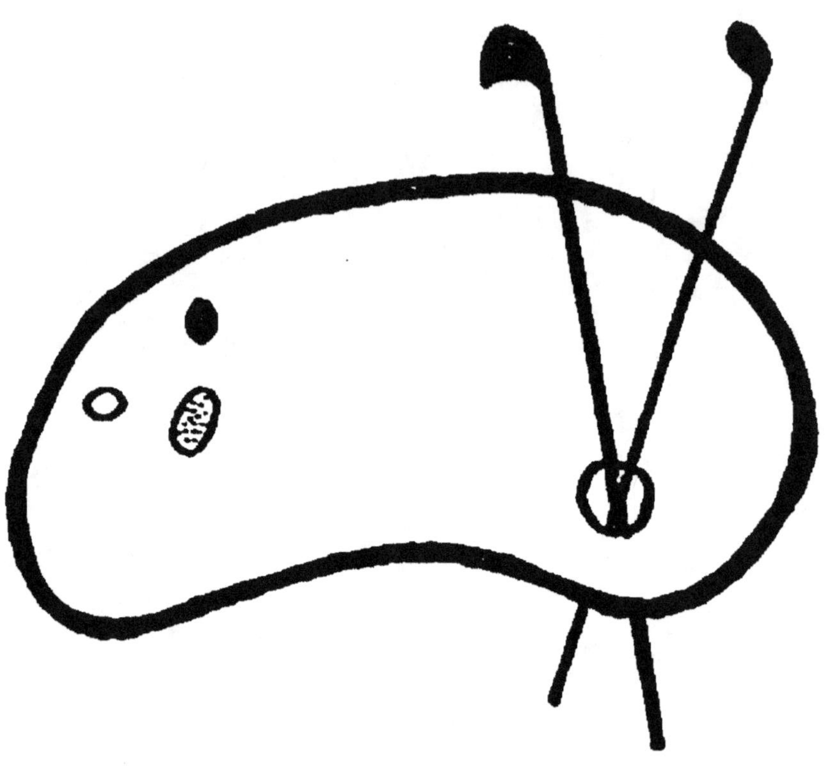

FIN D'UNE SERIE DE DOCUMENTS
EN COULEUR

THÈSE

POUR

LE DOCTORAT

FACULTÉ DE DROIT DE PARIS

DROIT ROMAIN

ACTION EXERCITOIRE

DROIT FRANÇAIS

DE LA FACULTÉ D'ABANDON
EN DROIT MARITIME

THÈSE POUR LE DOCTORAT

Soutenu le Samedi 9 Juin 1894, à 1 heure

PAR

André AUZOUX
Avocat à la Cour d'Appel.

<table>
<tr><td>*Président :*</td><td>M. LE POITTEVIN</td><td></td></tr>
<tr><td rowspan="3">*Suffragants*</td><td>MM. LEFEBVRE,</td><td rowspan="2">*professeurs.*</td></tr>
<tr><td>ESMEIN,</td></tr>
<tr><td>JAY,</td><td>*agrégé.*</td></tr>
</table>

PARIS

LIBRAIRIE GÉNÉRALE DE JURISPRUDENCE
de MM. MARCHAL & BILLARD, Éditeurs
PLACE DAUPHINE, 27, ET RUE SOUFFLOT, 3

1894

A LA MÉMOIRE DE MON PÈRE ET DE MON
GRAND PÈRE

A MA MÈRE

A MA GRAND MÈRE

A MES PARENTS

A MES AMIS

ACTION EXERCITOIRE

PRÉLIMINAIRE

L'action exercitoire fut introduite, par le Préteur, sous l'influence des nécessités pratiques du commerce maritime, comme correctif au droit civil, à l'idée romaine qui n'avait pas,jusqu'alors,admis la représentation.A ne considérer que la place occupée par elle aux Institutes, cette action ne semble avoir eu qu'un rôle médiocre ; elle m'a, néanmoins, paru intéressante à étudier, à cause des modifications que son influence fit subir au droit romain, parce qu'elle nous est un exemple du rôle du Préteur et de son influence sur les transformations du droit à Rome ; et parce qu'elle nous révèle les changements qui s'étaient introduits, par le temps, dans l'état social du peuple romain.

Ainsi, par une exception au droit civil, il avait semblé nécessaire de rendre l'*exercitor* responsable des engagements contractés par le *magister navis*. Le principe a passé dans nos législations modernes ; mais, à l'inverse du droit romaiu, la plupart y ont introduit des restrictions pour le modérer.

Je n'ai pas à m'occuper ici, dans ses détails, de la non-représentation à Rome ; j'indiquerai simplement les traits généraux de cette conception romaine ; j'examinerai, ensuite, la modification que la réforme du Préteur y avait introduite, c'est-à-dire l'action exercitoire, l'étudiant dans ses causes et dans son développement.

CHAPITRE I.

§ I. *De la non-représentation.*

Pour qu'on put comprendre la nécessité de la création
de notre action, j'ai dit qu'il fallait se rappeler que la théorie moderne de la représentation était ignorée à Rome. Il
nous semble, maintenant, tout naturel avec nos idées modernes, qu'un acte juridique, accompli par deux personnes,
produise ses effets dans la personne d'une troisième qui
n'y a point participé.

Aujourd'hui on acquiert, on vend, on s'engage par le mi-
nistère d'un mandataire, votre représentant ; chez les Romains, pareille idée ne se produisit pas, tout d'abord, et
on verra, à la fin de cette étude, que jamais, malgré les exceptions au principe ancien, introduites sous l'influence des
nécessités de la pratique, ils ne connurent, dans leur droit,
ce que nous nommons la représentation (1). L'empreinte de
ce principe absolu n'a jamais disparu de la législation romaine. C'est qu'il est, en effet, comme le fait remarquer
M. Labbé, beaucoup plus simple de regarder le contrat

---

1. L. 126, § 2, *De verb. oblig.* D. XLV, 1. — Paul, *Sent.* L. V. T.
II, L. 2.

passé comme ne produisant ses conséquences qu'entre les parties présentes : « Supposer, dit-il, étranger à l'acte ce- « lui qui le fait, et présent celui qui ne l'est pas, est une « fiction, l'inverse de la réalité, une subtilité, un raffine- « ment contraire à la rudesse des premiers usages » (2). Joignez à cette raison qu'à l'origine tous les actes ont un caractère formaliste, religieux, doivent être accomplis dans des formes minutieuses, avec des formules sacramentelles, symboliques comme la simulation d'un procès, ainsi que nous le voyons, par exemple, pour l'*in jure cessio* (3), né- cessitant ainsi la présence des deux parties, et l'on com- prend que Rome ait longtemps ignoré la représentation, à tel point que ce mot n'y avait pas le sens que nous y at- tachons, ainsi que le fait observer M. Labbé (4). C'est cette idée qu'expriment bien nettement deux textes, souvent ci- tés, du Digeste : l'un d'Ulpien (L. 38, § 17, *De verb. oblig.*, XLV, 1), où ce jurisconsulte nous dit: « *Alteri stipulari ne- mo potest* »; l'autre de Paul qui est ainsi conçu : « *Quæcum- que gerimus, cum ex nostro contractu originem trahunt, nisi ex nostra persona obligationis initium sumant, inanem actum nostrum efficiunt : et ideo neque stipulari, neque emere, vendere, contrahere ut alter suo nomine recte agat, possumus* ». (L. 11, *De obligat. et actionibus.* XLIV, 7).

Le système romain ne présenta que peu d'inconvénients, tant que la puissance de la cité fut renfermée dans des li- mites relativement étroites, grâce aux mœurs des anciens

2. *Institutes*, d'Ortolan, Labbé. App. IX. L. III.
3. Gaius II, § 24.
4. *Institutes*. L. II, T. XX, § 14. — Labbé *op. loc.*

Romains ; primitivement ils n'étaient «occupés que de guer-
« res, d'élections, de brigues et de procès ; à la campagne,
« d'agriculture (5) »; dès lors, continuellement à la ville
et au Forum, ils pouvaient aisément traiter de leurs affaires
et de leurs entreprises, veiller à leurs intérêts, qui se limi-
taient aux besoins journaliers, le commerce et la spéculation étant encore inconnus. Du jour où Rome étendit au
loin sa domination, où les affaires commerciales se déve-
loppèrent, les difficultés, engendrées par l'impossibilité de
se faire représenter dans les actes, commencèrent à naître.
Celles-ci furent palliées en partie, et, par suite, ressenties
moins vivement, grâce à l'organisation de la famille romaine, et aux conséquences qu'en avaient tirées les jurisconsultes anciens. Je vais examiner rapidement ces deux
points.

Le père de famille est le chef du culte domestique (*sacra
privata*) ; seul il peut avoir un patrimoine ; son pouvoir est
absolu sur toutes les personnes qui sont soumises à sa puissance, sur ses enfants comme sur ses esclaves, primitivement tout au moins. L'esclave, réduit à n'être qu'une chose,
n'est qu'un instrument de culture ; le fils n'a pas de patrimoine propre ; il peut être emprisonné, vendu, mis à mort
par la seule volonté paternelle, mais il a le même culte privé
que son père et peut être considéré comme le copropriétaire
du patrimoine de celui-ci (6). Toute cette organisation rigoureuse n'a pas pour seul but l'intérêt du *pater familias ;* elle
vise encore plus haut : elle veut conserver les idées religieu-

<hr>

5. Montesquieu. *Esprit des lois*. L. XXI. Chap. XIV.
6. Inst. § 2. *De hered. qualitate* L. II. 19, et Gaius II. § 157

ses par l'unité du culte privé, la fortune de la famille par l'unité du patrimoine, par la gestion unique des biens qui la composent.

De ces idées, le droit romain avait conclu que le fils et l'esclave pouvaient être un instrument d'acquisition (7); qu'avec leur aide on augmentait le patrimoine ; mais qu'ils ne pouvaient jamais être pour lui une cause de perte, ainsi que nous l'enseignent de nombreux textes. « *Per liberam personam, quæ neque juri nostro subjecta est, neque bona fide nos servit, obligationem nullam adquirére possumus* », nous dit Paul : c'est donc que nous pouvons acquérir une obligation, si le stipulant est en notre puissance. En revanche, jamais le père de famille ne peut être rendu débiteur, son patrimoine appauvri, par un acte de son fils ou de son esclave : « *Melior conditio nostra per servos fieri potest, deterior fieri non potest* » (L. 133 *De reg. jur.* L. 17).

Le *paterfamilias* peut acquérir à son insu, même malgré lui, avantage fait, ainsi qu'on le voit, en faveur du patrimoine commun : « *Hoc enim nobis et ignorantibus et invitis obvenit.* » (Inst. § 3. II. 9) (8); ce qui, de plus, prouve bien que l'*alieni juris* est un instrument d'acquisition et non un représentant.

Il y a entre notre principe moderne de la représentation, et la règle romaine que tout ce qu'une personne *alieni juris* acquiert, est acquis au *paterfamilias* une grande identité de résultat ; mais ils diffèrent par l'idée qui les a fait naître. La représentation a pour but d'étendre l'activité juridique d'une personne ; à Rome, si le *paterfamilias* acquiert le bé-

<hr>

7. (Gaius III, § 163 et II, §§ 86-96. — Ulpien, *Reg.* XIX §§ 18-21).
8. (62. D. XLV, 1. — 32. D. XLI. 1).

néfice des opérations des personnes placées sous sa puissance, c'est que la loi a en vue l'intérêt de la famille, tout autant et bien plus que celui de son chef. Que cette conception apportât un tempérament à la sévérité du principe qu'il fallait être présent dans les actes pour en recueillir le bénéfice, je l'ai déjà dit ; mais, avec le développement de la République, avec l'aggrandissement de son territoire, le principe, même modéré comme je viens de l'indiquer, parût gênant dans un grand nombre de cas ; aussi reçut-il diverses atteintes. Ce fut en matière de droits réels que la réaction commença à s'opérer : la règle *Per extraneum personam possessio acquiri potest*, permet au mandant de devenir propriétaire par le fait du mandataire ; d'autre part, quicorque agit *voluntate domini* peut faire une tradition régulière, dès lors la propriété des biens du mandant put être régulièrement transférée par le mandataire. Ce fut en matière d'obligation, probablement à cause de la nature personnelle du lieu qu'elle fait naître, que le droit domain demeura le plus longtemps immuable. En effet, s'il n'y avait eu que la solennité de certains actes exigeant l'emploi nécessaire de formules sacramentelles, on aurait pu, ainsi que je viens de le montrer pour l'acquisition de la propriété, permettre la représentation dans les contrats consensuels et les simples pactes protégés par le Préteur, tout en maintenant la nécessité de la présence des deux parties par l'acceptilation et la stipulation ; mais le caractère personnel de l'obligation demeura plus longtemps qu'en matière de droits réels un obstacle à toute modification à la théorie primitive.

Ainsi, à l'époque où va apparaître l'action exercitoire, le *paterfamilias* peut bien être rendu créancier par les personnes placées en sa puissance, mais jamais elles ne peuvent le rendre débiteur ; dès lors, celui qui avait contracté avec le fils ou l'esclave, n'avait pas d'action contre le père de famille ou contre le maître. C'est à cette théorie que le Préteur porta une première atteinte ; La réforme se produisit sous l'influence de raisons pratiques que je vais indiquer dans le paragraphe suivant, et fut rendue possible grâce à l'adoption du nouveau système de procédure, du système formulaire.

§II. — *Causes économiques et sociales.*

Ce furent les besoins du commerce maritime qui amenèrent le Préteur à déroger aux règles que j'ai exposées : à rendre l'*exercitor*, le préposant, responsable des engagements du *magister navis*, son préposé, et à sanctionner cette responsabilité en accordant aux tiers contractants l'action exercitoire, c'est-à-dire, l'action née du contrat, dont il modifia la formule.

Rome n'avait longtemps connu que l'agriculture ; le petit commerce était inconnu ; elle seule était honorée et pratiquée par les anciens Romains ainsi que nous l'apprend l'histoire de Cincinnatus. Les besoins se développant avec la civilisation, le commerce naquit ; il y eut des commerçants dans les *tabernæ* desquels on commença à débiter les produits venus de l'étranger ou manufacturés dans la cité ; il y eut aussi, à côté des esclaves, des artisans libres ; mais commerçants et artisans demeurèrent toujours peu estimés. L'agriculture demeura seule honorée.

La cité, tirant des pays étrangers la plupart des objets qu'elle consommait, les recevait par l'intermédiaire des navigateurs étrangers, Phéniciens ou Carthaginois. Dans le premier traité avec Carthage, elle s'interdisait tout commerce maritime sur les côtes d'Afrique et de Sardaigne. Dans le second traité, les Romains, au contraire, stipulaient des avantages pour leurs commerçants qui iraient trafiquer à Carthage. A partir de la deuxième guerre punique, Rome qui était depuis longtemps un vaste centre commercial, un *emporium* pour toute la moyenne Italie, vit encore croître son importance commerciale. Avec l'esprit de conquête, les Romains avaient au plus haut point l'esprit du lucre ; à la suite de leurs armées, s'abattaient sur les provinces conquises une foule de commerçants (*mercatores*), d'usuriers (*fenatores*), de banquiers (*argentarii*), représentants des capitalistes romains dont ils étaient les esclaves ou les affranchis (9). Mais, en même temps l'agriculture s'appauvrissait, ses rendements devenaient moindres, et la culture du blé cessait d'être rémunératrice sous l'influence toujours croissante des envois de la Sardaigne, de l'Afrique ou de la Gaule. Les spéculations commerciales reçurent une immense impulsion et les ports de l'Italie voyaient un mouvement maritime considérable, semblable à celui qui anime nos ports modernes. Dans les provinces, les consuls, les proconsuls, les sociétés de publicains réalisaient, par leurs concussions et leurs entreprises, d'immenses bénéfices. Ces richesses firent naître le luxe. Les historiens antiques et modernes nous ont rapporté, à l'envie, des exemples de ce luxe

9. Pigeonneau. *Histoire du commerce de la France*, I, p. 27.

fastueux qui avait remplacé la simplicité et la rusticité des premiers âges : il n'est besoin de rappeler ici, Baia et les autres villes d'eaux avec leurs villas somptueuses, la soie et la gaze remplaçant la laine dans le vêtement, le goût des bijoux et des pierreries s'introduisant dans la parure, les recherches de la table poussées jusqu'à de véritables folies, en même temps que les plaisirs élevés des lettres et des arts s'ajoutaient à ces passions moins nobles pour dissiper de véritables fortunes. Par une réciprocité habituelle, le luxe entraîna l'amour des richesses, et celles-ci engendrèrent le désir, sans frein, de s'enrichir à tout prix.

Les lois somptuaires se multiplièrent en vain ; elles restèrent sans effet, et ceux-là même, qui avaient le plus contribué à les faire rendre, furent à leur tour envahis par la passion commune ; Caton lui-même, l'austère censeur, finissait ses jours dans la débauche et l'usure, nous enseignant, que le premier des devoirs est de gagner de l'argent.

La spéculation et le négoce étaient les moyens les plus rapides de faire fortune. Or le petit commerce était décrié, tout au contraire le grand commerce et l'industrie passaient pour honorables. Les armements maritimes étaient surtout lucratifs ; c'est qu'en effet Rome attirait vers elle les produits du monde entier : les blés, les vins, les fruits exotiques comme les étoffes, soies ou mousselines. « A partir des der-« niers temps de la République et durant tout l'Empire, « Rome est le centre où aboutissent tout naturellement tous « les produits de l'industrie de l'ancien monde » (10). Dès le dernier siècle avant notre ère, les marins romains fré-

(10) Mommsen et Macquart. *Manuel des antiquités romaines.* **T. XV.** Introduction, p. 13.

quentaient toutes les contrées; Horace nous parle des navigateurs errant sur les mers lointaines (11) ; les rivages de l'Arabie et de l'Inde étaient visités par les commerçants de Rome, s'il faut croire Strabon, il nous parle d'un commerce de plus de cinquante millions de sesterces qui produisait un bénéfice double par la vente en Italie des denrées exotiques. Il est facile de comprendre que de tels bénéfices tentaient vivement un peuple où le goût du lucre était fort développé ; aussi le commerce maritime était-il en grande faveur. Mais les ressources de beaucoup de citoyens ne leur permettaient pas d'y prendre part ; en outre, certaines lois l'interdisaient aux sénateurs. Ce fut une loi du tribun. Q. Claudius (219 av. J.-C.) qui porta cette défense. Tite-Live nous rapporte ainsi cette mesure (12). « *Invisus patribus Flaminius ob novam legem quem Q. Claudius tribunus plebis adversus senatum, uno patre adjuvante Flaminio, tulerat : ne quis senator, cuive senator pater fuisset, maritinam navem, quæ plus quam trecentarum amphorarum esset, haberet ; id satis habitum ad fructus ex agris vehendos : quæstus omnis patribus indecorus verus. Res per summam contentionem acta.* Il semble que la même prohibition fut portée contre les gouverneurs de province (13). La défense parait avoir été difficilement observée, car elle fut renouvelée par la loi *Julia repetundarum* (1). Ces empêchements, joints aux mœurs peu favorables au commerce, empêchaient un grand nombre de s'y livrer ostensiblement ; mais

11. Horace. *Ode* III, 23, 25.
12. Tite-Live, XXI, 63.
13. Cicero. *In Verr.* V. 18 et L. 46. *De jur. fisc.* XLIX, 14.
14. L. 3. *De vac. et excu.* L. 5.

ils le faisaient, sous le manteau, c'est-à-dire sous le nom, ou par l'intermédiaire de leurs affranchis ou de leurs esclaves. Tite-Live nous apprend, en effet, qu'à l'origine, tout au moins, les gens de mer étaient tous des affranchis, et l'exemple de Caton nous fournit une autre preuve : « Il exi- « geait de ceux à qui il prêtait son argent, nous dit Plutar- « que (15), qu'ils fissent au nombre de cinquante une so- « ciété de commerce, et qu'ils équipassent autant de vais- « seaux sur chacun desquels il avait une portion qu'il fai- « sait valoir par un de ces affranchis, qui était comme son « facteur, s'embarquant avec les autres associés et avait sa « part dans tous les bénéfices » ; son historien ajoute : qu'il tirait de ces sociétés de gros bénéfices. C'est, en effet, aux sociétés par actions, créées sur le type des *societates publicanorum* d'une organisation si perfectionnée, que l'on avait eu recours pour permettre de prendre part aux armements aux petits capitalistes ou au sénateurs, ainsi qu'à tous ceux qui voulaient y participer en se dissimulant sous une raison sociale étrangère (16).

A côté de cette navigation maritime, il existait sur les fleuves une batellerie qui jouait un grand rôle. Les marchandises étaient apportées à Rome par le Tibre ; les autres fleuves de l'empire romain avaient également un mouvement commercial très important ; c'étaient en effet, d'excellentes voies de communication. L'état florissant des entreprises fluviales nous est attesté par les textes et les inscriptions qui nous ont fait connaître l'existence et l'orga-

15. Plutarque, *Cato major*, § 20
16. Mommsem et Macquart. *op. loc.* p. 22; Cfr. Deloume. *Les manieurs d'argent à Rome.*

nisation de nombreuses corporations de bateliers: cello des *caudicarii* pour le traînage sur le Tibre, les *navicularii* de Lyon qui étaient divisés en trois collèges, ceux de la Durance, du Rhin, ou bien encore des lacs tels que ceux de Genève ou de Garde (17).

Les explications que j'ai présentées plus haut sur le commerce par mer, s'appliquent également à la navigation fluviale. Ceci me paraît résulter de ce fait que la réforme prétorienne s'étendit à toute espèce de navigation aussi bien sur les fleuves, les lacs, que sur mer, par radeau comme par bateau (L. 1, § 6, *De exercit. act.*).

Dans les deux cas, c'étaient donc, en général des esclaves ou des affranchis qui représentaient les capitalistes romains ; dès lors on s'explique aisément la nécessité, au point de vue commercial, de voir se produire un adoucissement au principe de la non représentation : car, quand l'esclave ou l'affranchi traitaient avec des négociants au loin, ceux-ci devaient avoir une confiance absolue et aveugle vis-à-vis du mandant ; à son égard ils étaient désarmés, et vis-à-vis des préposés, s'ils étaient *alieni juris*, ils étaient sans action ou n'avaient qu'un recours illusoire. Ceux-là, même, qui se livraient aux armements, avaient intérêt à ce que les créanciers de leurs préposés eussent action contre eux, leur crédit recevant ainsi de l'extension.

Ce sont donc les nécessités de la pratique qui conduisirent le Préteur à corriger le droit civil. « *Utilitatem hujus edicti patere, nemo est, qui ignoret* » : nous dit Ulpien (L. 1, princip. *De exercit. act.*). C'est également l'utilité de l'État

17. Mommsen et Macquart, *op. loc.*, p. 29.

qu'il invoque (L. 1, § 20, *De exercit. act.*), quand il nous dit : *ad summam rempublicam navium exercitio pertinet.* Mais à côté des raisons d'utilité, les jurisconsultes romains pour expliquer la modification prétorienne, invoquaient encore l'équité. Il semblait juste que celui qui recueillait les bénéfices de l'expédition eût à en supporter les charges ; que celui qui avait suivi la foi du préposant en la personne du préposé pût se retourner contre lui : « *quia qui ita negotium gerit, magis patris dominive, quam filii servive fidem sequitur* » (Gaius, IV, § 70, *in fine*). Car, en confiant au *magister navis* la direction de l'expédition, l'*exercitor* semble inviter les tiers à traiter avec son préposé comme avec lui-même. C'est cette idée qu'exprime Théophile dans sa paraphrase des Institutes (L. IV, T. VII, § 2), lorsqu'il dit : *qui enim aliquem præposuit, id clara voce dicetur. Hunc ego præposui, qui volet cum eo negotia gerito.* Il y a là comme un *jussus* tacite donné par le préposant aux tiers de contracter avec son représentant (18).

Cette double idée amena donc une premier atteinte au principe romain de la non représentation. La réforme commença par le commerce maritime avec la création de l'action exercitoire ; mais ce n'était là qu'un cas particulier ; elle s'étendit successivement à d'autre cas. « Elle s'inspira, « nous dit M. Accarias, de cette idée que les obligations, « contractées par des individus en puissance, doivent re-« fléchir contre le père de famille dans la mesure où il les « a autorisées, et, à défaut de toute autorisation, jusqu'à

18. Donneau, *Com. de jure civ.* LXV. ch. 49 ; Faber *ad leg.* 29. D. 12. 1.

« concurrence de son profit. » De ces idées générales naqui-
rent, ainsi que je l'ai déjà indiqué, l'action exercitoire,
puis les actions institoires, *quod jussu, tributoire et de in
rem verso*. Je n'ai pas à les examiner ici ; je me contente
de noter qu'elles peuvent concourir en la personne du même
créancier, qui doit alors choisir.

§ III. — *Origine de l'action exercitoire.*

L'action institoire fut introduite pour venir en aide à
ceux qui avaient traité avec un préposé à un commerce
terrestre (*institor*), en leur donnant action contre le préposant. Or, sauf quelques différences peu nombreuses, l'action exercitoire et institoire sont identiques tant par les
motifs qui les ont fait naître que par leurs cas d'application.
On s'est alors demandé d'où provenait cette différence dans
leurs dénominations, savoir : que l'exercitoire tirait sa qualification de son préposant ; l'institoire du préposé. Cela
tient, semble-t-il, à ce que la seconde action était donnée à
l'occasion d'un commerce quelconque ; dès lors il eût été
impossible de trouver un nom s'appliquant à tous les commerçants, tandis que le nom *institor* était un terme générique qui pouvait s'appliquer à tous les préposés.

Une première question se pose : faut-il admettre que
l'action institoire fut donnée la première, ou, au contraire,
doit-on accorder la priorité à l'action exercitoire ?

Quoiqu'il soit bien difficile de retrouver d'une façon certaine l'ordre dans lequel elles furent créées, je pense, cependant, que c'est l'action exercitoire qui précéda l'action insti-

toire. En faveur de la priorité de cette dernière, on cite souvent ce passage : « *Œquum fuit, eum, qui magistrum navi imposuit, teneri: ut tenetur, qui institorem tabernæ vel negotio præposuit.* » (L. I, princ. *De exerc act*). Ce passage n'est, en réalité, qu'une simple comparaison et ne peut nous permettre d'induire, d'une façon certaine, l'ordre de création des deux actions. Dans deux autres passages, également d'Ulpien, ce jurisconsulte nous parle de l'action institoire donnée « *exemplo exercitoriæ actionis* » ou dans un autre texte » *exemplo exercitorum* » (L. 7, § 1 et L. 13, § 2, *De institoria actione*. XIV, III). On fait encore remarquer qu'au Digeste et au Code, l'action exercitoire est toujours citée la première, que tel était aussi l'ordre dans l'édit du préteur (1). Si on réfléchit, en outre, aux raisons qui ont fait créer ces deux actions, il semble bien que l'action exercitoire dut être créée la première ; car c'est surtout dans le commerce maritime qu'il était impossible aux tiers de traiter directement avec le préposant, et que, par suite, le besoin d'agir directement contre lui se faisait le plus vivement sentir. Remarquons, enfin, avec M. Accarias que, si l'*actio institoria* eût été donnée la première, elle eût forcément embrassé tous les cas ; même celui ou le préposé était un *magister navis* ; dès lors, puisqu'il existait une action générale, à quoi bon créer une action spéciale.

J'ai indiqué que toute une série d'actions fut donnée contre le père de famille à raison des obligations contractées par des personnes placées sous sa puissance paternelle ou dominicale. L'action exercitoire a-t-elle été le point de départ de

19. Donneau, *Opera*, t. VIII, p. 71.

la réforme, ou bien l'application à un cas particulier d'une théorie plus générale? en d'autres termes, les actions prétoriennes *adjectitiæ qualitatis*, pour employer l'expression des commentateurs modernes, expression que j'expliquerai par la suite, lui sont-elles antérieures?

Rappelons, d'abord, que trois de ces actions furent introduites en même temps par l'édit: « *Est autem triplex hoc edictum : aut enim de peculio, aut in rem verso, aut quod jussu, hinc oritur actio.* » (L.1,§ 4,*De peculio.* XV, 1). On ne peut pas dire que l'action *quod jussu* a été la base d'un système dont le Préteur aurait développé le principe dans les autres actions *adjectitiæ qualitatis*. Mais ne se pourrait-il pas que les trois actions que je viens de citer fussent cependant antérieures à l'action exercitoire? Pour le démontrer on fait valoir, en faveur de l'action *quod jussu*, des arguments de textes qui sembleraient, au premier abord, trancher la question en lui assurant la priorité et, par suite, celle des deux autres. « *Imprimis itaque si jussu patris deminive negotium gestum erit, in solidum prætor actionem in patrem dominumve comparavit.* » Ainsi, la première action qu'aurait créée le préteur, serait l'action *quod jussu*, et cette pensée de Gaius apparait bien nettement, si on rapproche de ce passage celui qui le suit immédiatement, dans lequel il s'exprime ainsi: « *Eadem ratione, comparavit duas alias actiones, exercitoriam et institoriam* » (Gaius IV §71). Ces textes paraissent probants. On fait également remarquer qu'aux Institutes, elle est nommée avant l'action exercitoire, etc. (L. IV. Tit. VII § 1). Mais j'ai déjà dit qu'elle avait été introduite en même temps que les actions *de in rem verso* et *de peculio*, on ne peut donc dire que cet ordre soit

A.   2

celui de leur création. Il faut observer, en outre, qu'au Digeste et au Code, l'*actio exercitoria* est toujours mentionnée la première. Or, si l'on remarque, dit-on, que les deux recueils, Commentaires de Gaius et Instituts, sont des œuvres d'enseignement, il semble tout naturel que leurs auteurs aient commencé par traiter du principe général, c'est-à-dire, par l'action *quod jussu*, avant d'en voir les applications particulières telles que l'action exercitoire : au contraire, le Digeste et le Code, étant des œuvres de législation, doivent, tout naturellement, avoir conservé l'ordre du développement historique.

On a encore cherché à arriver à une solution en comparant les différentes époques où vivaient les divers jurisconsultes qui ont connu ces actions ou du moins paraissent les avoir connues les premiers.

Labéon est, dit-on, le plus ancien jurisconsulte qui ait cité l'action *quod jussu* (20); or Ofilius, son maître, traitait de l'*actio exercitoria* dans son commentaire de l'édit du préteur. Celle-ci serait donc antérieure. Il n'en est rien, répond-on, car Alfenus Varus, condisciple d'Ofilius, connaissait l'action de *in rem verso* (21), or aux Basiliques, tout ce qui lui est attribué au Digeste, l'est à Servus Sulpicius son maître, dont il aurait ainsi reproduit les leçons. Dès lors celui-ci connaissant l'action de *in rem verso*, devait connaître aussi l'action *quod jussu* introduite par le même édit. Si Servus Sulpicius connaissait ces actions, l'argument tiré de ce fait que son disciple Ofilius nous parle de l'action exercitoire

20. L. 1, § 9. *Quod jussu*, XV, 4.
21. L. 16. *De in rem verso*, XV, 3.

demeure sans valeur. On a même cherché à en tirer argument, en faveur de la priorité de l'action *quod jussu*, en prétendant que Servus Sulpicius, ne nous parlant que de ces actions, avait ignoré l'action exercitoire. Il connaissait, au contraire, cette dernière, et l'opinion que je combats, commet une erreur: en effet, il existe une loi au Digeste qui prouve qu'il connaissait l'action institoire, et par suite l'action exercitoire (22). On ne peut donc, en résumé, tirer aucun argument de cette comparaison ; elle prouve simplement que Servus Sulpicius connaissait toutes les actions *adjectitiæ qualitatis*, ce qui nous permettra d'établir vers quelle époque la réforme a dû se produire. A quelque point de vue qu'on se place, les textes ne nous fournissent donc rien d'absolument précis, tout en étant plutôt favorables à la doctrine qui soutient l'antériorité de l'action que j'étudie ici. Mais, si laissant les textes et les faits, je me reporte aux idées générales ; je vois qu'une innovation juridique ne s'étend généralement, tout d'abord, qu'à un cas particulier, (c'est ce que Ihéring appelle le point d'irruption historique), « se contentant d'un domaine restreint, jusqu'à ce qu'elle se soit insensiblement concilié les esprits, et qu'elle se soit fixée et fortifiée de manière à pouvoir prendre l'essor et se développer librement » (23). C'est cette évolution qui a dû se produire dans le cas qui nous occupe ; l'action exercitoire, exception plus restreinte que l'action *quod jussu*, a dû apparaître la première. L'équité de l'idée qu'elle sanctionnait, se fit jour et s'imposa peu à peu : on étendit alors à des cas plus généraux l'exception primitive.

22. L. 5. § 1. XIV, 3.
23. Ihering. *L'esprit du Droit romain*, T. III, p. 31.

A quelle époque, celle-ci s'est-elle produite? il est impossible de le dire d'une façon précise ; tout au plus peut-on indiquer la période pendant laquelle elle est née. J'ai dit que Servus Sulpicius avait connu notre action ; ce jurisconsulte était contemporain de Cicéron, c'est-à-dire qu'il vivait à la fin du septième siècle de la fondation de Rome : d'autre part, cette réforme impliquait, comme déjà établi, le système formulaire. C'est dans cet espace de temps qu'il faut placer l'apparition de l'innovation prétorienne. Or le système formulaire fut établi, au dire de Gaius (II, § 30) et d'Aulu-Gelle par une loi *Æbutia* ; mais, ni l'un ni l'autre, n'en donne la date exacte. On a donc le choix entre les années 526, 577 et 583 où des tribuns du nom d'Æbutius se trouvaient en fonction : la dernière paraît devoir être préférée (24).

(24) Accarias, n° 747, note 2. — Ortolan 12° édit. I, n° 245.

CHAPITRE II.

§ I. *De l'Exercitor.*

Une personne arme un navire, avec l'intention de recueillir les bénéfices de l'expédition ; il en confie la direction à un préposé, son agent commercial, ce dernier est le *magister navis*, et le préposant l'*exercitor*.

Comme notre armateur, l'*exercitor* est celui qui recueille les bénéfices, qu'ils proviennent des transports de marchandises ou de voyageurs, ou bien encore des opérations commerciales faites par le *magister navis* et de la pêche. Les textes sont formels : voici en quels termes s'exprime Gaius (IV, § 71) : « *Ideo autem exercitoria actio appellatur quia exercitor vocatur is ad quem quotidianus navis quæstus pervenit* ». Ulpien nous dit également : « *Exercitorem autem eum dicimus, ad quem obventiones, et reditus omnes perveniunt, sive is dominus navis sit, sive a domino navem per aversionem conduxit, vel ad tempus, vel ad perpetuum* » (L. 1, § 15, *de exercit. act.*).

L'*exercitor* peut être usufruitier ; Ulpien nous parle en effet, du legs d'usufruit d'un navire (1). Le possesseur lui

1. L. 12, § 1. *De usufructu*, VII, 1.

aussi, peut être *exercitor*. Paul suppose, en effet, qu'un navire est revendiqué après naufrage, ayant péri au cours d'un voyage qu'il accomplissait par le possesseur ; ce dernier n'est pas en faute, nous dit-il, sauf s'il a confié la direction à des gens incapables *culpa non intelligitur... nisi si minus idoneis hominibus navem commisit* (2). Dans l'un et l'autre cas, l'idée qui avait inspiré les juristes romains me paraît être celle-ci : qu'un navire doit naviguer, puisque tel est son but.

Le locataire d'un navire pouvait aussi être *exercitor*, soit qu'il ait loué à temps, soit à perpétuité par une sorte de bail emphytéotique. Le texte, déjà cité, d'Ulpien (L. 1, § 15) nous dit que le navire est aussi loué *per aversionem*. Quel est ce mode de location ? Les commentateurs ont discuté sur cette expression : « *per aversionem* », elle signifierait, selon eux, que le locataire paie une redevance fixe et, que lui seul a à supporter les conséquences de l'opération, soit que les bénéfices fussent inférieurs ou supérieurs à ce loyer, le propriétaire demeurant à l'abri de tout risque. Telle est l'opinion de Voet et de Vinnius : le premier nous dit : « *id est, ita una mercede conduxerit ut omne quæstus quotidiani periculum in se averti voluerit, sive quæstus ille mercedem promissum superet, sive ea minor sit. (3)*» et Vinnius nous dit également : « *aversione quis locari dicitur cum totum uno pretio non in singulas operas aut in pedes singulos mensurasve locatum est.* » C'était donc, à ce qu'il paraît, une location en bloc. Un passage de la *lex Rhodia de jactu* (4) vient à l'appui de cette opinion.

2. L. 16, § 1. *De rei vindicatione*, VI, 1.
3. Viet. *Commentarius ad Pandectas*, p. 687. *De exercitoria actione.*
4. L. 10, §2. *De lege Rhodia de jactu*, XIV, 2.

Je rappelle ici que les sénateurs ne pouvaient être ni propriétaires, ni armateurs d'un navire de plus de 300 amphores, et que cette défense s'étendit aux gouverneurs de provinces et aux procurateurs. Un navire de capacité inférieure était suffisant pour amener à Rome le produit de leurs domaines.

Il nous faut nous demander, maintenant, s'il n'y avait pas d'autres restrictions apportées au droit d'*exercere navem*. « *Parvi autem r. fert qui exercet* » (L. 1, § 16) nous dit Ulpien ; ainsi, il importe peu qu'il soit libre ou en puissance, pubère ou impubère, que ce soit un homme ou une femme. En s'exprimant ainsi, le jurisconsulte n'a en vue que l'*exercitor* lui-même ; car pour le tiers qui aurait traité avec le *magister navis*, sa situation différera selon la personne avec laquelle il a contracté.

Supposons un pupille ; pourra-t-il être *exercitor?* évidemment, oui ; mais, selon le principe général, il aura besoin de l'*auctoritas : « pupillus autem si navem exerceat, exigerunt tutoris auctoritatem »* (L. 1, § 15, *in fine*); si, au contraire, il avait agi sans cette *auctoritas* il ne sera tenu que : « *in quantum, ex ea re, locupletior factus est* » (5).

Au cas où il s'agissait de la tutelle d'un enfant, le tuteur pouvait nommer un *magister navis*; les textes sont muets pour l'action exercitoire, mais la loi 5, § 18 nous le dit pour l'action institoire : il n'y a aucune raison de croire qu'il dût en être autrement dans notre cas. Les curateurs des fous, des prodigues, des mineurs de vingt-cinq ans, ainsi que les tuteurs peuvent, en vertu de cette même loi, nommer un

---

5. L. 10. *De institoria actione*, XIV, 3.

magister navis : ce pouvoir appartient également au *procu-rator omnium bonorum*, ou même à celui qui a un mandat spécial. Supposons maintenant que le mineur de vingt-cinq ans ait également institué un *magister navis*, avec ou sans le concours d'un curateur, il sera tenu des obligations contractées par son préposé, à moins qu'il ne prouve qu'il a une *justa causa restitutionis;* on lui permettra alors de faire usage de l'*in integrum restitutio.*

La femme pouvait être *exercitor;* « *licet accessoriæ sint actiones,* » nous dit Cujas. On aurait pu hésiter. L'action exercitoire étant une action accessoire, et l'action principale étant donné contre le *magister*, on pouvait se demander quelle solution devait être adoptée en présence du sénatus-consulte Velléien qui défendait aux femmes toute intercession pour autrui. Il n'y a aucun doute possible, en présence des nombreux textes qui répondent affirmativement. La loi 1, § 16, déjà citée, nous dit, qu'il importe peu que l'*exercitor* soit *masculus an muler*, et il y a au Code une constitution qui s'exprime en termes aussi formels (S). On a fait observer, avec raison, que la femme en pareil cas s'oblige bien pour elle-même, que l'action que le créancier a contre elle est aussi principale (7), qu'en s'engageant, elle ne transporte pas à sa charge l'obligation d'autrui; en somme, nous dit Pothier : « *nec obstat Velleianum, nam in rem suam mulier suscipit obligationem magister navis* » (8).

Je me suis occupé, jusqu'à présent, des personnes *sui ju-*

6. Const. 4, Code *De inst. et exercit. act.*, IV, 25.
7. Gide. *De la condition de la femme.* p. 178 et suiv.
8. Pothier, *Pandectes* à notre titre. p. 366, note *c*.

ris; une personne en puissance pouvait-elle être *exercitor?* Oui, nous répondent Paul et Ulpien : le premier nous dit : « *Filius familias, si voluntate patris navem exerceat...* » (Sent. II, 4), et l'autre s'exprime ainsi (L. 1, § 19, *De exerc. act.*) : « *Si is qui navem exerceat, in aliena potestate erit.* » A cette expression « *in potestate* » il faut donner le sens le plus large ; c'est toujours Ulpien qui nous l'indique (L. 1, § 21) : « *In potestate accepiemus utriusque sexus, vel filios, vel filias, vel servos, vel servas.* » Il n'y a donc aucune restriction ; la personne en puissance peut être *exercitor.* Mais, pour que le tiers, avec qui elle a contracté, ait l'action exercitoire contre le *paterfamilias* ou le *dominus,* il faut, ainsi que l'indiquent les fragments déjà cités, que la personne en puissance ait agi avec l'autorisation de l'un ou de l'autre. Ils auront alors les bénéfices et les risques de l'opération.

Je verrai, en m'occupant des rapports des tiers avec *l'exercitor* et le *magister navis,* quels recours auraient les créanciers qui auraient traité avec une personne *alieni juris,* agissant sans autorisation, mais au vu et su du *dominus* ou du *paterfamilias,* ou bien encore à leur insu.

J'ai supposé un seul *exercitor,* il peut également y en avoir plusieurs (L. 1 § 25). J'en verrai, par la suite, les conséquences.

§ II. — *Magister navis.*

Le Magister navis est celui qui exploite un navire ou

une embarcation pour le compte d'autrui (9). Il se peut, et c'est ce qui se produit le plus fréquemment, que le *magister navis* soit à la fois le capitaine du navire, et l'agent commercial du préposant, mais ces deux qualités peuvent être distinctes (10). Le mot *navicularius* paraît, dans le sens propre, répondre mieux à notre mot français, capitaine (11). Mais primitivement l'expression *magister navis* avait ce sens et ce ne fut qu'à la longue, qu'elle fut étendue, avec l'extension de l'action, au cas où le préposé n'avait pas la direction technique du navire. Cette dénomination finit par avoir le sens le plus large (L. 1, § 13) : ainsi il pourra y avoir plusieurs *magistri* ; l'un percevra le fret, l'autre, le prix de transport des passagers : un troisième conduira une opération commerciale déterminée. Mais, en général, le *magister navis* correspond bien à notre capitaine, d'où cette définition « *Magistrum navis accipere debemus, cui totius navis cura mandata est.* » (L. 1, § 1). C'est celui qui a reçu les pouvoirs de diriger l'expédition, de contracter au nom de l'*exercitor*. Les gens de l'équipage ne pourront jamais faire naître, contre leur maître, l'action exercitoire ; c'est ce qu'Ulpien a soin de nous dire (L. 1, § 2) « *si cum quolibet nautarum sit contractum, non datur actio in exercitorem.* » On comprend aisément cette décision ; les motifs d'équité et d'utilité qui avaient fait déroger au principe de la non-représentation n'existent plus ici.

9. Accarias. *Précis de Droit romain*, nᵒ 636.
10. Van Vetter. *Les obligations en Droit Romain*, t. III, § 139, page 21 ; — L. 2, § 2. *De lege Rhodia*, XIV, 2.
11. L. 2, Cod. *De naufragiis* XI, 2, et titre 2. *Locati conducti* D, XIX.

Le *magister navis* pourra être indifféremment un homme libre ou un esclave ; homme libre, il pourra être *sui juris* ou en puissance, ou même sous celle d'un autre que l'*exercitor*. On n'a pas non plus à s'inquiéter de son âge (L. 1, §54 et Gaius, IV, 71). C'est au préposant à s'assurer de la capacité de son agent.

J'ai dit que la femme pouvait être *exercitor* ; peut-elle être *magister navis* ? A part les raisons pratiques qui s'opposent pour une femme à un tel rôle, les textes mêmes ne paraissent pas laisser de doute. Au lieu de nous dire, comme pour l'*exercitor*, que le sexe importe peu, ils gardent ici le silence. Quand il s'agit, au contraire, de l'action institoire, après nous avoir dit : que le préposant peut être une femme, « *nam et si mulier præposuit, competet institoria, exemplo exercitoriæ actionis* », Ulpien nous parle du cas où la femme est préposée, mais, sans ajouter comme auparavant, « *exemplo exercitoriæ actionis* » (L. 7, § 1, *de institoria actione*, XIV, 3) (12).

On s'est demandé si, primitivement, la réforme prétorienne s'appliquait au cas où le préposé était une personne *sui juris*. Je crois que, dans les premiers temps, l'action exercitoire n'était donnée que pour les obligations contractées par des personnes sous la puissance de l'*exercitor*. On fait, en vain, observer que le Digeste ne renferme aucune distinction de ce genre (13), Gaius paraît pour moi, trancher la controverse, quand, après avoir dit : « *Tunc autem exercitoria locum habet, cum pater dominus ve filium*

12. L. 8, *De inst. act.* XIV, 3.
13. Thibaut. *Archiv für die civilitische Praxis.* T. XII, p. 174 et suiv.

servumve magistrum navi præposuerit » (C. IV, § 71), il ajoute: que l'action est donnée contre l'*exercitor*, même s'il a préposé un étranger soit libre, soit esclave. « *Quinetiam, licet extraneum quisquam magistrum navi præsuerit, sive servum sive liberum, tamen ea prætoria actio in eum redditur* ». Le jurisconsulte me semble bien indiquer par les termes dont il se sert que l'action a reçu une extension, mais que son application primitive ne comprenait que les cas où c'était le fils ou l'esclave qui avait traité. Il faut également remarquer que, quand le préposé était un *extraneus sui juris*, il s'obligeait vis-à-vis des tiers, et que ceux-ci se trouvaient dans une situation meilleure que s'ils avaient traité avec une personne en puissance. C'est un motif de plus pour penser que l'action exercitoire ne fut primitivement donnée que, quand le *magister* était *alieni juris*. L'examen du § 2, Inst. IV, inspire aussi cette idée.

S'il y a plusieurs *exercitores* pour le même navire, l'un d'eux pourra jouer le rôle de *magister navis* (L. 4, § 1).

Le *magister navis* peut se substituer un délégué qui aura le pouvoir d'engager l'*exercitor*, comme il l'a lui-même, et cela même, quand il lui aurait été interdit de se substituer quelqu'un : Ulpien admettait cette opinion qui était aussi celle de Julien, dans l'intérêt de la navigation (L. 1, § 5, *in fine*). Cette faveur ne fut jamais accordée à l'*institor* ; nous notons en passant cette différence entre deux institutions qui avaient un si grand nombre de points communs. En effet, le *magister* se trouvant généralement éloigné de l'*exercitor*, ses pouvoirs devaient être plus larges, et, d'autre part, il était souvent difficile au tiers de connaître la qualité de la personne avec laquelle il traitait.

Au point de vue de l'action exercitoire, les tiers n'ont pas à s'inquiéter de la capacité du *magister navis* ; c'est le préposant qu'ils ont en vue ; c'est sa capacité qui leur importe. C'est une différence avec le mandat, où le mandataire était seul tenu des actions nées des contrats, un incapable pouvait être mandant, mais pas mandataire.

S'il s'agit d'une personne en sa puissance, le *paterfamilias* lui donnera l'ordre de remplir les fonctions de *magister navis*, et, grâce au *jus potestatis*, il aura le moyen de faire exécuter ce *jussus.* Dans le cas d'un préposé *extraneus*, il nous faut l'assimiler au mandataire : dès lors, pour que la *præpositio* fût valable, il fallait que le *magister* ait consenti d'une façon non équivoque à remplir la mission qui lui était confiée (14). Cette *præpositio* pouvait être donnée, soit à terme, soit sous condition, pour un temps déterminé ou non ; elle pouvait se conclure directement, par lettre ou par messager. De cette nécessité du consentement, il faut conclure que les *infantes* et les *furiosi* ne pouvaient être *magistri navis.*

Les tiers, nous le verrons, n'ont de recours que dans les limites de la *lex præpositionis* (15 or, rien dans les textes ne nous apprend comment elle était portée à leur connaissance. Le navire avait-il, comme de nos jours, des papiers de bord qui permettaient aux étrangers de connaître les pouvoirs du capitaine ? rien ne nous permet de résoudre la question ; nous sommes sans renseignements sur ce point.

Comment la *præpositio* finissait-elle ? elle se terminait soit par l'arrivée du terme ou de la condition qu'elle renfer-

14. L. 8, § 1. *De proc. et déf.* III, 3.
15. L. 4. § 12, XIV, 1.

mait, soit par l'accomplissement du mandat, si celui-ci était
spécial. Le mandat, étant un contrat fait *intuitu personæ*,
se termine par la mort de l'une des parties (16) : ici le *magister* continuera à obliger les héritiers de l'*exercitor* tant qu'ils
ne l'auront pas révoqué (17) ; mais il n'y a pas lieu de déroger autrement aux règles générales du mandat, aussi le
magister navis ne transmet pas ses pouvoirs à ses héritiers
(Gaius III, § 160) ; mais ils ne cessent pas par son changement d'état (L. 19, § XIV). La *præpositio* prenait fin dès
qu'elle avait été invoquée par l'*exercitor*, mais alors s'éle-
vait une difficulté. Comment les tiers vont-ils connaître la
révocation ? Sur ce point, en présence du silence des textes,
on ne peut conclure d'une façon précise. On propose d'appliquer à la révocation du *magister navis* les règles établies
pour celle de l'*institor* ; pour le commerce terrestre, le droit
romain s'était formellement expliqué (18). Voici le résumé
des règles de publicité que nous donne Ulpien. Celui qui
avait préposé un *institor*, devait, après la révocation, faire
afficher sa défense de traiter avec lui à l'entrée de la bouti-
que : cette affiche devait être en gros caractères lisibles, en
grec ou en latin suivant les localités, pour que les tiers ne
pussent invoquer leur ignorance de la décision prise par le
maître. Si le navire était présent, il aurait été encore facile
d'appliquer ces mesures à notre cas, soit en affichant la révocation à bord du navire, soit sur les quais. Mais, supposons que le navire soit au loin, l'*exercitor* devait-il faire
apposer des affiches partout où le navire peut ou doit tou-

16. Inst. *De mandato*, Liv. III, t. XXVI, § 10.
17. L. 11 princ. *De inst. act.* XIV, 3, et L. 17 § 2, *eod. tit.*
18. L. 11, § 2, 3, 4 et 5, *De inst. act.* XIV, 1.

cher : il y aurait là une difficulté matérielle très grande, souvent insurmontable. Dès lors, malgré sa révocation, le *magister navis* pourra continuer ses opérations, se présenter partout comme étant encore en fonctions. Faut-il donc dire que la révocation ne peut avoir d'effet, à l'égard des tiers, que quand le navire sera revenu à son point de départ, et qu'on aura pu, soit retirer, en fait, l'administration au *magister*, soit porter la décision à la connaissance des tiers (19) à l'aide du moyen rapporté pour l'*institor*. Cette solution rigoureuse était-elle celle du droit romain? Elle a pour elle la similitude de caractère qui existe entre les fonctions de l'*institor* et du *magister*. L'*exercitor*, dit-on, qui ne peut révoquer avant le retour du navire, aura soin d'apporter dans son choix d'un préposé la plus grande vigilance. On peut, au contraire, dire qu'il y avait là une question de fait, et que c'était à l'*exercitor* à employer, à ses risques et périls, tel procédé qu'il jugeait convenable, pour porter la révocation à la connaissance du public. Les deux solutions sont possibles ; mais j'inclinerais, cependant, vers la première.

J'ai dit ce qu'étaient l'*exercitor* et le *magister* ; j'ai parlé de la *præpositio* ; il me faut maintenant déterminer le sens du mot *navis* dans la question qui m'occupe.

« *Navem accipere debemus, sive marinam, sive fluvia-*
« *lem, sive in aliquo stagno naviget sive schedia sit* » (L. 1,
§ 6). Ainsi par *navis*, il faut entendre non seulement le navire destiné à la navigation de la mer, celui qui apportait les blés de Sicile, d'Egypte ; mais encore le bateau de rivière, voir même le simple radeau.

19. Molitor. *Les obligations en droit romain*, t. II, p. 143.

CHAPITRE III.

RAPPORTS ENTRE LES TIERS, L'EXCERCITOR ET LE MAGISTER NAVIS

Dans ce chapitre, je m'occuperai d'abord de rechercher quels sont les actes du *magister navis* qui donnent naissance à l'action exercitoire. J'étudirai ensuite les différentes personnes contre lesquelles les tiers pouvaient agir.

§ I. *Actes qui donnent naissance à l'action exercitoire.*

Pour que les tiers aient l'action exercitoire, il faut que le *magister* ait traité en cette qualité et dans les limites de ses pouvoirs. Il en sera de même au cas ou c'est un *submagister*, subtitué sans l'autorisation du préposant, comme je l'ai déjà indiqué. C'est au tiers de s'enquérir de la qualité de son co-contractant : aussi s'il avait traité avec un autre qu'avec le préposé, par exemple avec un homme de l'équipage (*nauta*) (L. I, § 2), il n'avait pas d'action contre l'*exercitor*. Il en serait de même si le préposé avait agi, non plus comme représentant, mais pour son compte.

Il faut que le préposé ait traité dans les limites de la *præpositio* : Ulpien nous le dit d'une façon très nette : « *Igitur præpositio certam legem dat contrahentibus.* » (L. I, § 12). Le tiers devra donc s'inquiéter de savoir, non seulement s'il est en présence du *magister*, mais encore quels sont les termes de la préposition. Il ne serait pas tenu, nous dit le même Ulpien, s'il avait chargé son préposé d'affréter le navire pour le transport de marchandises telles que des légumes, des fruits, et si celui-ci l'avait affrété pour transporter des marbres. Il en serait de même, si, ayant loué le navire lui-même, il avait simplement chargé le capitaine de toucher le fret, et si celui-ci avait fait un autre contrat d'affrétement. La *præpositio* pouvait défendre au capitaine la navigation de telle ou telle mer ; en cas de voyage ainsi interdit, le tiers ne pouvait non plus rien réclamer, Il aurait dû s'enquérir des pouvoirs, et en fait l'emploi ordinaire des navires devait, le plus souvent, être pour lui une indication. (1) De cette observation rigoureuse de la *præpositio* il résulte que les conditions qu'elle renferme, doivent aussi être sévèrement respectées ; « *conditio præpositionis servanda est.* » Dès lors, si l'*exercitor* avait établi plusieurs *magistri* avec l'interdiction de contracter sans leur participation commune au contrat (L. 1, § 14), d'un seul ou même de plusieurs d'entre eux serait impuissant à assurer au tiers le bénéfice de notre action. Il se pouvait encore au cas où ils étaient plusieurs, que le fait d'un seul engageât l'*exercitor* « *non divisis officiis quodcumque cum uno gestum erit, obligabit exercitorem.*» (L. 1, § 13). Enfin l'un d'eux pourra être préposé pour affréter ou pour percevoir le fret ; en pareil cas, il obligera l'*exercitor* : « *pro cujusque officio obligabitur exercitor* » J'ai déjà dit que le tiers devait s'enquérir des termes de la préposition, mais que la connaissance de celle-ci pourrait résulter pour lui de ce que le capitaine remplissait habituellement

1. Pardessus, *Lois maritimes du XVIII° siècle*, § 1, p. 93, note 5.

la mission, objet de leur contrat. Il y aurait encore lieu à
notre action, car il ne faut pas exagérer la rigueur de la règle, dans le cas où, pour remplir sa mission, il aurait accompli un acte en dehors de ses pouvoirs. Il a contracté,
par exemple, un emprunt qui lui permettait d'exécuter son
mandat. C'était l'avis de Pegasus que rapporte Ulpien, et
qu'il approuve. Un tel droit, a-t-on dit, n'est pas *permissum*,
mais bien *commissum*. Pour les actes que comporte l'administration du navire et le commerce maritime, dans les
circonstances ordinaires, je serai responsable si je n'ai pas
mis une restriction formelle au pouvoir de mon *magister*.
Déterminer tous les cas où celui-ci peut être considéré
comme ayant agi dans l'intérêt de son mandat ne serait ni
facile ni même intéressant ; d'une façon générale, ce sont
tous ceux qui ont trait à l'armement, à l'équipement du
navire, à la solde des matelots (2). Mais pour que les emprunts, les achats faits dans l'intérêt de l'expédition puissent
donner lieu à l'action exercitoire, il faut encore certaines
conditions que je vais déterminer : il ne suffit pas qu'ils
aient pour auteur le capitaine dans les limites de ses pouvoirs. Les tiers devront s'assurer de la réalité des besoins
pour lesquels le capitaine s'adresse à eux. Africain nous
l'apprend (L. 7, *de exercit. act.*). Il suppose que l'esclave
Stictius emprunte pour les besoins du navire ; il redemande
alors s'il faudra encore que le tiers s'inquiète de l'emploi
qui aura été fait de cet emprunt. Il suffit d'après lui, qu'au
moment où le créancier a prêté, il eût cru à l'utilité de
l'emprunt par exemple pour réparer le navire : « *si, cum*

2. Molitor, *op. loc.* II, p. 145. — L. 1, § 7 *de exercit. act.*

*pecunia crederetur, navis in ea causa fuisset ut refici de-
beret.* » On lui demande donc simplement de faire preuve
d'honnèteté, d'intelligence, de ne pas prêter à la légère,
de vérifier par lui-même s'il y a vraiment un motif sérieux
d'emprunt ; en somme, comme dit Africain à notre texte :
« *in summa aliquam diligentiam in ea creditorem debere
præstare* » (L. 7 § 1). Mais exiger du préteur d'autres
soins et surveillance, ce serait injuste : ce n'est pas lui qui
a choisi le *magister* et *l'exercitor* ne peut s'en prendre qu'à
lui-même si son préposé ne remplit pas ses fonctions, s'il
se montre négligent ; mais exiger une surveillance quelconque du préteur, ce serait le transformer en véritable
gérant d'affaires : « *et enim, ut non oportet creditorem ad
hoc adstringi, ut ipse reficiendæ navis curam suscipiat et
negotium domini gerat* (L. 7. princ.).

L'emprunt soulève une question spéciale qu'il nous faut
examiner. Je suppose que le capitaine, ayant emprunté de
l'argent, s'en est servi pour son usage personnel. Ulpien,
nous rapportant l'opinion d'Ofilius (L. 1 § 9) nous dit que, si
le capitaine avait spécifié en empruntant qu'il se servirait des
deniers prêtés pour les besoins du navire, le préteur aurait
droit à l'action exercitoire, mais il n'en serait pas de même
s'il empruntait en n'ayant rien dit sur l'emploi des sommes
reçues. « *quod si ab initio consilium cepit fraudandi creditoris, et hoc specialiter non expresserit, quod ad navis
causam accepit, contrà esse* ». Il est bien certain que, dans notre cas encore, il fallait que le préteur ait reconnu la nécessité
de faire procéder à des réparations. La condition exigée par

3. Huber. *Eumonia Romana*, p. 550.

Africain (L. 7 prin.) est encore nécessaire ici : il ne suffit pas que le *magister* ait dit qu'il empruntait dans l'intérêt du navire, il faut encore que le préteur vérifie l'utilité du prêt : il y a là, nous semble-t-il, une condition sous-entendue à la loi 1 §9, et à l'appui de cette opinion, il faut nous rappeler que ce texte parlant du prêt, nous dit : » *quasi in navem impensurus* » (4).

Quant à ce membre de phrase : « *si ab initio consilium cepit fraudandi creditoris* », je ne crois pas qu'Ofilius en fasse une condition absolue du refus de l'action ; elle n'est indiquée qu'en passant comme un des cas qui se présentera le plus souvent. N'existerait elle pas au début, au moment de l'emprunt, il y a pas moins lieu à refuser l'action « *magister non expresserit quod ad navis causam accipit.* »

Le *magister navis* avait contracté un emprunt pour les besoins du navire, puis, il rembourse le premier emprunt à l'aide d'un nouveau qu'il contracte ; celui-ci sera traité avec la même faveur que le premier. C'est l'avis d'Ulpien : « *puto huic dandam actionem quasi in navem crediderit* ».

Suffisait-il que le préteur eût vérifié la nécessité de l'emprunt ? ne devait-il pas encore s'inquiéter de sa quotité ? (4) Je réponds affirmativement ; sauf le cas où le capitaine a trompé le préteur et lui a fait croire à la nécessité d'un prêt plus considérable que besoin n'était, et le paragraphe 10 (L. 1, *de exerc. act*) me paraît devoir être traduit ainsi. Si le *magister* a trompé (le préteur) sur le prix des choses qu'il devait acheter, le dommage sera pour l'*exercitor* et non pour le préteur. Et cette solution se comprend : notre ac-

4. Cujas. *Ad. Africanum tractatus. VII*; — Pardessus, *loc. cit.* p 98, note 3.

tion était donnée bien plus dans l'intérêt de l'*exercitor* que du prêteur ; or, celui-ci aurait hésité à prêter s'il lui avait fallu évaluer le montant des objets à acheter ou des réparations à effectuer. Un *argentarius* pouvait facilement se rendre compte de la nécessité des réparations, mais en évaluer le montant aurait dépassé sa capacité.

Il y avait, enfin, une dernière condition pour la validité du prêt. Il fallait qu'il fût fait dans un endroit où il y eût possibilité d'en faire usage : Ainsi j'ai emprunté pour acheter des voiles dans une île, par exemple, où il n'y en avait pas : l'*exercitor* ne sera pas tenu à raison de mon emprunt.

Il fallait donc que le préposé empruntât dans les limites de ses pouvoirs, que la nécessité de l'emprunt fût reconnue, que le prêt ne dépassât pas la somme nécessaire pour atteindre le but cherché, que le prêt eût été fait dans un temps et un lieu où il put en être fait emploi.

En ce qui concerne les délits et quasi-délits commis par les gens de l'équipage, il fallait distinguer s'ils avaient été perpétrés ou non dans l'exercice de leurs fonctions, à bord du navire ; mais dans aucun cas, il n'y avait lieu à l'action exercitoire, ce qui me dispense de m'étendre d'avantage sur ce point. Je dirai, pourtant, qu'au premier cas il y avait lieu à une action *in factum* ; action noxale perpétuelle, ne se donnant pas contre les héritiers si les marins étaient en puissance. Au cas où les faits reprochés s'étaient produits en dehors de leurs fonctions, le maître n'était tenu que dans les limites de son enrichissement.

§ II. — *Des personnes contre lesquelles les tiers peuvent agir.*

Étant donné un acte accompli dans l'exercice et dans les limites de ses fonctions par le préposé, sous les conditions que je viens de mentionner, si l'*exercitor* est le *paterfamilias* ou le *dominus*, l'action exercitoire sera donnée contre lui, c'est le cas le plus simple. J'ai indiqué plus haut, en parlant des causes qui avaient fait naître notre action, que les Romains voulaient s'enrichir ; mais il existait toujours un préjugé, soit même des interdictions légales qui ne permettaient pas aux citoyens considérés et riches de s'y livrer directement. Aussi, le plus souvent, les fonctions d'*exercitor* appartenaient-elles, soit à des esclaves, soit à des fils de famille ; l'action exercitoire n'avait pas été créée principalement pour ce cas, mais elle permit d'y porter remède. En pareil cas, en effet, les tiers n'auraient trouvé qu'un secours illusoire, au cas où un fils de famille était préposant, et nul, si c'était un esclave, s'il l'action n'avait été donnée que contre l'*exercitor*. Elle était donnée alors contre le père ou le maître. Mais dans la situation ou nous nous plaçons, il faut distinguer trois cas bien distincts qui avaient reçu une solution de la part des jurisconsultes romains.

1° L'*exercitor* en puissance n'avait-il agi qu'en vertu de la volonté du père ou du maître ; alors celui-ci sera tenu *in solidum*, comme le serait l'*exercitor* lui-même (L. 1, § 14 et 19, *De exercit. act.*). Ulpien, en nous indiquant cette solution, nous donne comme motif l'intérêt suprême qu'a l'État à favoriser le commerce maritime. Dans ces cas, il est facile de voir, qu'au fond, c'est moins le fils ou l'esclave qui agit que le *paterfamilias* ou le *dominus*. Si le préposant était fils de famille, agissant de par la volonté paternelle, l'action exercitoire était donnée contre l'un ou l'autre (L. 1, § 23). On pouvait agir, en effet, contre une personne libre en puissance, sauf la difficulté d'exécuter la sentence. Le père offrait une bien plus grande sûreté ; aussi était-ce contre lui que, la plupart du temps, l'action était dirigée.

Remarquons, en outre, que l'action était donnée, dans le cas qui nous occupe, contre le *paterfamilias*, ou le *dominus* non-seulement à raison des actes du *magister*, mais encore de l'*exercitor* lui-même : « *ut Julianus quoque scripsit. etiam si cum ipso exercitore sit contractum, pater dominus »ve insolidum tenebitur.* Je n'ai pas besoin de dire que, quand on parle de la volontée du père de famille, il s'agit de celle du chef de la famille, de celui sous la puissance duquel l'*exercitor* se trouve ; par exemple, le petit-fils étant sous la puissance de son grand-père. s'il vit encore, c'est l'aieul qui sera tenu des obligations du préposé de son pe-tit-fils: *in solidum tenentur qui habent in potestate exercito-rem.*

2° Supposons que le fils ou l'esclave ait fait une *præpo-sitio* sans l'autorisation du père ou du maître, mais, au vu et su de celui-ci, ne devait-on pas admettre que cette con-naissance, cette tolérance devait équivaloir à une approba-tion tacite ? Il faut se rappeler que l'action était donnée parce qu'on supposait que le *paterfamilias* ou le *dominus* con-sentant à ce que la personne en puissance fît le commerce maritime, les actes faits par la personne en puissance de-vaient être regardés comme faits par lui-même, s'il avait été *exercitor*. Cette raison ne se trouve pas ici ; dès lors, en dépit de l'opinion de plusieurs auteurs, on s'explique parfaitement que le traitement ne soit pas le même dans les deux cas. Si donc le maître ou le père a connu le com-merce fait par la personne en puissance, mais sans l'autoriser, le créancier aura en pareil cas l'action *tributoria* contre lui ; c'est-à-dire que celui-ci devra lui représenter le pécule en entier sans avoir le droit de déduire ce qui lui est dû. C'est ce que nous dit Paul (L. 6, princ.) : « *Si servus non voluntate domini navem exercuerit, si sciente eo, quasi tributoria.* »

3° Il ajoute « *si ignorante de peculio actio dabitur* ». Au cas où la personne saus la puissance de laquelle se trouve l'*exercitor* ignorait ses agissements, ses cocontractants ne pourront agir que *de in rem verso* ou *de peculio*. Avec la première de ces actions, si le commerce avait profité au maître ; avec l'autre, si le profit retiré était nul, auquel cas le père ou le maître pourra déduire du pécule ce qui lui était dû (5).

Quant à la question de savoir, s'il y avait chez le père ou le maître *voluntas*, s'ils connaissaient ou ignoraient le commerce entrepris, il y avait là une question de fait, laissée à la prudence des contractants : c'était à eux à recueillir les indices qui leurs permettaient de savoir s'ils devaient ou non accorder leur confiance.

Signalons en passant, que cette extension de l'action exercitoire n'avait pas lieu en ce qui concerne l'institoire (L. 1, § 20).

Je suppose, pour en finir avec l'action donnée contre l'*exercitor*, que c'est bien un *paterfamilias* : il a constitué comme préposé son fils. Ne pourra-t-il pas échapper à la responsabilité, quand celui-ci aura contracté un prêt d'argent ? On sait que le sénatus-consulte macédonien interdisait les

5. L. 1, §§ 19. 20, 22. *De exercit. act.* XIV. I. — L. 42 princip. *de factis*, XLVII, 2.

prêts d'argent faits à des fils de famille ; d'après ce sénatus-consulte, s'il y avait eu emprunt, le préteur refusait l'action au créancier, ou tout au moins en cas de doute, quand on ne savait pas si on était en présence du cas visé par lui, la formule renfermait une exception qui permettait de vérifier les faits (6). En était-il de même pour notre cas ? Il faut répondre que l'exception du sénatus-consulte ne s'appliquait pas ici ; s'il l'invoquait, on répondrait au père de famille, qu'en constituant son fils *magister navis*, il avait autorisé et ratifié par avance les emprunts (7).

Paul (L. 5, § 1) suppose qu'un maître a loué son esclave Stichus à un tiers et ce dernier l'emploie comme *magister navis*. Son maître contracte avec lui ; il aura évidemment l'action exercitoire contre le préposant.

Si c'était un esclave commun que l'un de ses propriétaires eût préposé, ceux d'entre eux qui auraient traité avec lui pourraient agir contre le préposant.

Si je suppose, au contraire, que mon esclave est l'*exercitor*, il est évident que moi, son maître, je n'aurais pas action contre lui, qui est ma chose, car ce serait agir contre moi-même, si j'avais traité avec son *magister navis* ; mais je pourrais agir contre ce dernier avec l'action *ex contractu* si c'est un homme libre ou recourir par l'action *de peculio* contre le maître du préposé esclave, et dans tous les cas, je pourrais retenir ce qui m'est dû sur le pécule de mon propre esclave. Cette solution s'explique : le *magister navis* était tenu directement, et l'édit en introduisant l'action

6. Ortolan *loc. cit.* III, n° 217, p. 687.

7. Accarias, t. II, n° 591 : et L. 7, §§ 11 et 12, L. 12, L. 17, *De senatuscons. maced.* XIV, 6.

exercitoire contre le préposant, n'avait pas modifié cette situation juridique entre les contractants ; dès lors, l'action principale, au cas où le *magister* pouvait s'obliger, existait toujours contre lui ou contre le *dominus*, si le préposé était esclave.

Il pouvait y avoir plusieurs *exercitores* : en pareille circonstance, ils étaient tenus *in solidum*, si le préposé était un esclave commun, sauf au cas d'une *præpositio pro dominica* ou *inæquali parte*. Il en serait de même de la préposition d'un *servus alienus*, d'un homme libre ou de l'un d'eux ; mais s'il y avait société, celui qui avait dû s'acquitter sur les poursuites des tiers, avait contre ses coassociés l'action *pro socio*, et, à défaut de société, l'action *communi dividundo*.

Les copropriétaires du navire administraient-ils eux-mêmes ? N'étant pas préposés les uns des autres, ils ne pourront être poursuivis chacun que *pro portionibus*, à moins d'un engagement solidaire.

Si on veut bien préciser la situation des personnes qui traitaient avec le *magister*, il ne faut pas oublier qu'à côté de l'action exercitoire, il existait une action contre lui, action principale dont l'action prétorienne n'était que l'accessoire, sauf si le préposé était un esclave. Celui-ci ne pouvant s'obliger civilement, les créanciers n'avaient pas contre lui l'action née du contrat (8) ; ils ne pouvaient qu'agir par l'action exercitoire qui était ici une création d'une nécessité absolue.

8. L. 14. *De act. et obligat.* XLIV, 7 ; L. 107, *De regulis juris*, t. 17 ; Const. 6, Cod. *De judicus*, III, 1.

Quelle était la durée du pouvoir d'agir du créancier contre le préposé? Il faut supposer que le *magister navis* a abandonné la direction du navire ; tant qu'il est en fonction, il n'y a aucun doute sur la possibilité d'intenter l'action. Heineccius, dont Pardessus nous rapporte l'avis en l'approuvant, nous dit, que l'action ne peut être intentée que tant que durent les fonctions du *magister navis* (9) : « *modo adhuc duret officium* ». A l'appui de cette opinion, on invoque un texte de Scævola qu'on étend de l'action institoire à l'exercitoire (10). Un *institor* a adressé à Domitius Félix un billet ainsi conçu : « *Habes penes mensam patroni mei denarios mille, quos denarios vobis numerare debebo pridie calendas Maias.* » En vertu de ce billet, le créancier peut-il, après la mort du préposant, poursuivre le préposé ? Le jurisconsulte répond que non ; c'est, dit-on, que l'*institor* n'est plus alors en fonctions. Pothier pense qu'il faut voir, dans ce billet, l'avis qu'il tenait à la disposition du créancier « *mille denarios* » dont son maître s'était engagé à solder le montant, et non pas une obligation contractée par le préposé.

9. Pardessus, *loc. cit.* p. 100, note 2 ; Heineccius, *Recit. ad Inst.* § 1216.
10. L. 20, *De inst. act.* XIV, 3.

CHAPITRE IV

NATURE ET CARACTÈRES DE L'ACTION EXERCITOIRE

L'action exercitoire que les tiers avaient contre le préposant, à raison des engagements de son préposé, n'était pas une action spéciale, mais simplement l'action engendrée par le contrat passé avec le *magister* (L. 1, § 24); en pareil cas, l'action a une nature particulière, un caractère propre, et c'est pour l'indiquer qu'on ajoute au nom générique de l'action une qualification particulière (1) : ainsi, le créancier en traitant avec le préposant eût-il eu l'action *locati*, *venditi*, il aura, si c'est avec le *magister* qu'il a conclu, l'*actio exercitoria locati* ou *venditi* contre l'*exercitor*; seulement, par simplification, les sources appellèrent ces actions par leur qualification spéciale, en supprimant le nom générique.

Ce fut grâce à l'introduction du système formulaire que le préteur put introduire cette réforme. Il donna l'action née du contrat en modifiant la formule qu'il rédigea de telle sorte que le préposant pût être atteint. Pour atteindre ce but, il insérait dans la *condamnatio* le nom de l'*exercitor*, auquel il lui paraissait juste de faire supporter les effets des actes de *magister*, tout en laissant le nom de ce

1. Van Vetter, *Les obligations en droit romain*, T. III, p. 20.

dernier dans l'*intentio* ; car, comme de Savigny le fait observer (2), « quand le *magister* avait contracté, c'est évidemment lui seul qui était débiteur dans l'obligation ; le *dare oportere* ne pouvait être affirmé que, quant à lui, et son nom seul était mentionné avec cette expression dans l'*intentio*. » La formule de l'action exercitoire n'est pas parvenue jusqu'à nous ; mais elle devait être conçue de telle façon qu'elle indiquât en quelle qualité le défendeur était appelé à y répondre. Il faut, en outre, remarquer que cette action, comme toutes les actions *adjectiliæ e servi persona*, soit qu'elle tende à « *dare facere oportere* » soit qu'elle ait une *intentio in jus*, exige au cas où le *magister navis* est un esclave, une fiction. On ne pouvait pas prétendre que « *servum dare oportere*, » un esclave ne pouvant pas s'obliger : « *in personam servilem nulla cadit obligatio.* » Le préteur ajoutait à l'*intentio* de la formule une fiction telle que « *si liber esset* » (3), par exemple ; mais, si la formule était rédigée *in factum*, cette modification était inutile, le préteur se contentant, après avoir exposé les faits, d'ordonner au juge de prononcer une condamnation s'ils étaient vérifiés. Sous le bénéfice de cette observation, voici d'après de Keller quelles étaient les formules de cette action. « *Si paret Titium magistrum Aulo Agerio decem millia dare oportere, judex Numerium exercitorem Aulo Agerio decem nullia condemna ; si non paret absolve.* » ou « *Quod Aulus Agerius Titio magistro M medimnos tritici vendidit, qua de re agitur quidquid ob eam rem Titium Aulo dare facere*

---

2. De Savigny, *loc. cit.*, T. II, § 54, p. 175.

3. L. 12, § 1. *De duobus reis*, XIV. 2. — De Keller, *De la procédure civile et des actions chez les Romains*, XXXII, note 350.

— 46 —

oportet ex fide bona ejus Numerium Aulo condemna. »
On trouve, en général, que les formules données par
de Keller sont trop étroites, qu'elles ne permettent pas au
juge de vérifier si l'obligation invoquée n'excède pas ou
n'est pas en dehors des termes de la *lex præpositionis :* aussi
préfère-t-on cette formule que nous donne Ruddorff (4).
« *Judex esto. Quod A°A°, cum Titio magistro (in patrem
exercitoris : ejus navis quem Seius cum an potestate N°N°
esset voluntate N°N° exercebat), ejus rei causa in quam Ti-
tius navi præpositus fuit, negotium quo de re agitur gessit,
rei paret (quidquid) ob eam rem Titium magistrum A°A°
dare oportere (dare facere oportet) ejus judex N°N° condemna ; si non paret, absolve.* »

Si on se demande pourquoi le préteur ne créa pas une
action nouvelle, spéciale, dirigée contre l'*exercitor*, il faut
se rappeler qu'une telle action n'eût pu comprendre tous les
cas, et qu'elle eût été en contradiction avec cette idée romaine qu'à chaque contrat particulier, correspond une action également déterminée et facilement reconnaissable.

L'action exercitoire appartient à la catégorie d'actions
que les commentateurs modernes ont nommé *actiones adjectitiæ qualitatis*, expression qui proviendrait, selon MM.
Maynz (5) et de Savigny (6), de ce qu'à côté de'ces actions,
il existe toujours l'action née de la convention : « *hoc edicto
non transfertur actio, sed adjicitur* » (L. 5. § 1, *de exercit.
act.*). Pour M. Accarias, cette expression proviendrait de
ce que la formule indiquant, comme nous l'avons vu, en

4. Ruddorff, §§ 101 et 102.
5. Maynz, *Traité des obligations*, § 54, p. 226. Observ. 1.
6. De Savigny, T. II, *loc. cit.*, p. 167, note *k*.

quelle qualité l'*exercitor* était appelé à répondre, et qu'il n'était poursuivi que du chef de telle ou telle personne, il y avait une *adjectio* insérée dans la formule.

On peut encore qualifier cette action d'indirecte, en ce qu'elle est donnée contre le préposant, pour des engagements contractés non par lui, mais par son préposé, qu'il soit en sa puissance ou non (7). Je crois que l'action exercitoire était de bonne foi ou *stricti juris* selon que l'action principale l'était ou non : M. de Savigny soutient, au contraire, à tort selon moi, que les actions civiles pouvaient seules être *stricti juris* (8).

L'*actio exercitoria* était donnée perpétuellement, c'est-à-dire, depuis la constitution de Théodose le jeune, pendant trente ans, *in heredem* ou *in heredibus* ; c'était là une exception commune à toutes les actions prétoriennes qui ne faisaient que compléter le droit civil sans le limiter ou le contredire, nous dit M. Accarias (9). Il en résultait que si l'esclave venait à mourir, on donnait l'action contre le maître, même plus d'un an après sa mort (10).

Un caractère important de notre action était d'être donnée *in solidum* ; expression qui a deux sens, signifiant soit que l'action est donnée *in infinitum* contre le préposant, pour la totalité de l'engagement contracté par le préposé ; c'est le sens que l'expression *in solidum* a dans la loi 7, *De exercit. act.* ; soit que chacun des obligés peut être pour-

7. Ortolan, *loc. cit.*, T. III, n° 2204.
8. De Savigny, *Traité de Droit romain*. T. II, Appendice XIII, chap. VI.
9. Accarias, *loc. cit.*, n° 925.
10. L. 33, *princ. De obligat. et act.* XLIV, 7.

suivi par le tout. Dans ce dernier cas, on dit, qu'il y a solidarité. Or les auteurs distinguent deux sortes d'obligations *in solidum* : les unes qu'ils nomment corréales, et les autres simplement solidaires : dans les deux cas il y a pluralité de débiteurs et unité d'objet ; mais dans les obligations simplement solidaires, il y a autant d'obligations et partant d'actions, qu'il y a de sujets passifs : dès lors le créancier pourra les intenter jusqu'à ce qu'il ait obtenu entière satisfaction.

M. Demangeat nous dit (11) : à mon sens, la première condition pour qu'il y ait obligation corréale, c'est que l'action, qui pourra être employée par le créancier, soit une condition ; lorsqu'il y aura lieu seulement à une action de bonne foi, ou *in factum*, la solidarité sera bien possible, mais non la véritable corréalité ». Dès lors que l'action exercitoire peut être, tantôt de droit strict, tantôt de bonne foi, ainsi que je l'ai dit, il y aurait selon les cas, corréalité ou simple solidarité. Ce résultat suffirait déjà par lui-même à inspirer des doutes, mais il y a des textes formels qui nous permettent de repousser cette opinion. « *Duo rei promittendi fiunt ; quia non tantum verbis stipulationis, sed et cœteris contractibus, veluti emptione, venditione, locatione, deposito, commodato* »(12). Papinien met bien sur la même ligne tous les contrats, qu'ils soient de droit strict ou de bonne foi ; car le mot *veluti*, qui se rencontre dans le fragment cité, nous montre bien qu'il n'y a là qu'un exemple et que tous les contrats de bonne foi sont assimilés par le

11. Demangeat, *Des obligations solidaires en droit romain*, p. 184.
12. L. 9. princ. *De duobus reis constituendis*, XLV, 2.

jurisconsulte à ceux de ... it strict. Enfin la constitution 1,
au Code, L. IV. 8 décide qu'en cas de vol, si je poursuis l'un
des voleurs, cette poursuite n'aura pas pour effet de libérer les
complices ; c'est donc qu'une *condictio* pouvait ne pas être
corréale. M. Demangeat suppose, il est vrai, qu'il a dû y
avoir une interpolation dans le texte, mais rien ne le dé-
montre.

A quel *criterium* faudra-t-il alors se reporter pour déterminer si une obligation est ou non corréale ? il faut répondre qu'il y aura corréalité quand plusieurs débiteurs seront
tenus d'une même action à raison d'une même cause d'obligation.

Quel est donc d'abord, le caractère de l'obligation commune au préposant et au préposé ?

Si après avoir poursuivi l'une de ces personnes, le créancier s'adresse à l'autre, il se verra opposer l'exception *rei*
judicatæ. Les effets de la *litis contestatio* sont donc les mêmes que pour une obligation corréale ; mais il ne faut pas
les rattacher aux mêmes causes. Que ce soit contre l'*exerci-*
tor ou le *magister* que j'agisse, l'*intentio* sera toujours re-
digée de même, en termes identiques ; par suite, si après
avoir demandé au juge de déclarer que Titus est mon débiteur, je renouvelle mon action contre son maître, comme il
devra encore déclarer que je suis créancier en vertu des mêmes causes, je me verrai opposer comme je l'ai indiqué, l'exception de chose jugée. En poursuivant l'un ou l'autre de
mes débiteurs j'ai, par là même, épuisé mon droit : « *Et ideo*
cum utro eorum actum est, cum altero agi non potest », dit
Ulpien. Il y avait là une dissemblance entre notre obligation et une obligation solidaire ; mais je ne crois pas qu'il

A.   4.

y eût corréalité. Il n'y avait pas, en effet, identité de cause dans l'obligation du préposant et du préposé. Le *magister* était tenu à cause du contrat qu'il avait passé ; l'*exercitor* à cause de la *præpositio*, des pouvoirs qu'il avait conférés. Il en résultait parfois une différence d'objet : ainsi le *magister* a emprunté une somme plus forte qu'il n'était nécessaire pour les besoins du navire ; en pareil cas, l'*exercitor* n'est pas tenu pour toute la somme prêtée ; or, en matière de corréalité, l'objet de l'obligation doit être le même pour tous les codébiteurs. Il n'y avait donc pas obligation corréale du *magister* et de l'*exercitor*.

Quand il y avait plusieurs *exercitores*, ils étaient tenus *in solidum*, nous disent les textes ; il nous faut nous demander encore s'il y avait corréalité ou solidarité simple. Les caractères distinctifs de l'obligation corréale semblent se retrouver ici. Il y a, en effet, pluralité de liens, puisque le tiers qui a traité avec le *magister navis* peut s'adresser à l'un quelconque des débiteurs : « *cum quolibet exercitorum in solidum agi potest.* (L. § 25). La *litis contestatio* a également pour effet d'étendre le droit d'action contre les autres débiteurs ; enfin il y avait bien identité de cause dans l'obligation dont étaient tenus les *coexercitores* : car ils étaient obligés en vertu de la *lex præpositionis* par laquelle ils avaient conféré ses pouvoirs à leur commandant. Néanmoins, de Savigny (13) ne veut voir ici qu'une simple solidarité : il fait remarquer que dans l'obligation corréale, les modes d'extinction sont assimilés au paiement ; or, si l'un des *exercitores* ou le *magister navis* paye, la dette est éteinte, (et ceci s'ex-

(13) De Savigny. *Droit des obligations* I. § 21.

plique pour le débiteur principal comme pour les autres, un tiers pouvant toujours éteindre une dette s'il paye avec cette intention) (14); mais il n'en est pas de même pour tous les modes accessoires ; ainsi l'acceptilation faite à l'*exercitor* ne libère pas le *magister navis* : c'eût été, dit Savigny, un non sens : « car l'*exercitor* n'était pas à proprement parler débiteur ; seulement il était obligé de répondre à une action qui ne le concernait pas directement » (15).

Je crois que le caractère de l'obligation, dans les deux cas, se trouve parfaitement indiqué par M. Gérardin dans son *Étude sur la solidarité* (16) quand il nous dit : « il y a bien obligation *in solidum*, solidarité *lato sensu* ; mais cette solidarité n'est pas basée sur le même principe que la solidarité véritable ; c'est une solidarité de rencontre, conséquence de la juxta position du droit civil et du droit prétorien : nulle part je crois, les débiteurs dont il s'agit ne sont qualifiés *rei promittendi* ».

Quelle est la raison d'être de cette solidarité ? Les tiers, dit-on, ne connaissent qu'une seule personne et ayant agi sur la foi de celui-ci, il ne serait pas juste de les forcer à diviser leur action pour poursuivre tel ou tel : c'est ce que dit la loi 2 : « *Ne in plures adversarios distringatur, qui cum uno contraxerit* ». Il me semble préférable de dire que l'action étant donnée forcément pour le tout contre le *magister*, comme c'était toujours cette même action, qui était

(14) L. 23. L. 53 *De solutione* XLVI, 3. — L. 39 *De negot. gest.* III, 5.

(15) 8. § 4 *De accept.* XLVI. 5. et L. 5 § 2 *De liberal. legat.* et XXXIV. 3.

(16) *Nouvelle Revue Historique de droit français et étranger* 1885. p. 144.

donnée, avec une légère modification, contre l'*exercitor*, ceci explique qu'il fût tenu pour le tout. Quant à la loi 2, Fremery (17) pense que ce sont les compilateurs du Digeste, qui ont accolé au passage d'Ulpien ce fragment, qui n'avait pas été écrit par Gaius par l'engagement solidaire de l'armateur, mais qui leur semblait expliquer la raison d'être de cette obligation *in solidum*.

Justinien supprima en matière de corréalité, les effets de la *litis contestatio*. Cette réforme s'applique à nos actions *adjectitiæ qualitatis*. Ulpien nous dit : « *Si ex duobus vel pluribus heredibus ejus,... unus fuerit conventus, omnes heredes liberabuntur* »; puis viennent plusieurs lignes qui, de l'avis de tous, indiquent par la latinité, l'époque du Bas-Empire; et dans lesquelles Tribonien ajoute : « *si licet hoc jure contingat, tamen æquitas dictat, in eos judicium dari, qui occasione juris liberantur, ut magis eos perceptio, quam intentio liberet.* » (18)

17. Études de droit commercial, page 29.
18. L. 32, *De peculio*, XV, 1.

CHAPITRE V

DÉVELOPPEMENT DU PRINCIPE DE LA REPRÉSENTATION

L'action exercitoire avait porté une première atteinte au principe qu'un tiers ne peut nous obliger. Un nouveau progrès ne fut-il pas fait dans le sens de notre représentation moderne? Ne faut-il pas admettre que dans le dernier état du droit, l'obligation pouvait prendre directement naissance entre le mandant et le tiers?

§ I. *Action directe des tiers contre l'exercitor.*

Un passage des Institutes semble indiquer que le droit classique avait subi une profonde modification : « *Illud in summa admonendi sumus, id quod jussu patris dominive fuerit contractum, quodque in rem ejus versum fuerit, directo quoque posse a patre dominove condici, tanquam si principaliter cum ipso gestum esset. Ei quoque qui vel exercitoria vel institoria actione tenetur, directo posse condici placet quia hujus quoque jussu contractum intelligitur.* »

Justinien admet donc que le créancier peut agir directement par la *condictio* contre le père ou le maître; opinion déjà admise dans le IIIe siècle, dit M. Accarias (1). Il n'y a

---

1. Accarias, *loc. cit.* t. II, n° 883.

pas que le texte précité des Instituts qui mentionne l'existence d'une *condictio*, plusieurs autres (2) confirment qu'à côté de l'action ou à sa place (c'est ce que je vais examiner) le créancier pouvait encore intenter une *condictio*.

Je vais examiner successivement les systèmes qui se sont produits.

Vinnius formulait son opinion en ces termes : « *Quod ego Prudentum auctoritate introductum arbitror, qui, postquam a prætore obliqua agendi ratio constituta esset, etiam directam admiserint, hoc colore, quasi cum ipso patre aut domino res gesta sit.* » (3) Cette opinion a été soutenue également par Lauterbach : « *Postquam autem Prætor hanc qualificatam actionem contra exercitorem concessit, etiam jurisconsultorum auctoritate introductum est, ut jure civili quoque directo contra exercitores agi possit.* » (4).

Pour M. Demangeat, la *condictio* est donnée dans tous les cas, mais l'*actio exercitoria* continue à subsister à côté d'elle. Il pense que la *condictio* est arrivée assez tard, par le développement progressif de la jurisprudence, à pouvoir être appliquée aux cas dont il s'agit, de sorte que, pour les cas particuliers, l'action prétorienne a existé plus anciennement que l'action civile. » (5). La *condictio*, nous dit-il, pour expliquer les motifs de l'innovation, était donnée à celui qui peut agir de *in rem verso*, par application de cette idée que celui qui avait acquis sans cause, ou avait profité

2. L. 29, *De rebus creditis*, XII, 1. — L. 17, §§ 4, 5, *De inst. act.* XIV, 3. — L. 5 princip., *Quod jussu*, XV, 4.
3. *Commentarius* sur le § 8.
4. Lauterbach, I, *In Pandectas*, § XIII, page 651.
5. Demangeat, *Cours de droit romain*, t. II, p. 728.

par le fait volontaire ou involontaire de lui ou d'autrui, peut aussi se servir de la *condictio* ; elle était également donnée à celui qui peut agir *quod jussu* « parce qu'en général, elle existe à votre profit contre l'homme en considération de qui vous avez contracté. »

Pour M. Ortolan (6) il y avait lieu à une *condictio* toutes les fois qu'il y avait eu enrichissement, ou bien encore quand l'opération d'où elle pouvait résulter, avait été faite par un préposé ou sur l'ordre de quelques-uns. Prenons, comme exemple le *mutuum* : vous livrez à mon esclave, avec mon consentement, une somme d'argent ; j'en acquiers la propriété ; vous aurez contre moi l'action directe du prêt, la *condictio ex mutuo*. M. Ortolan nous cite encore toutes les *condictiones* qui peuvent résulter de contrats innommés formés *re* : « en un mot, toutes les fois que l'opération sera de nature à pouvoir donner naissance à la poursuite d'une obligation unilatérale » : dans tous les autres cas comme pour les actions *empti*, *locati*, etc., où il ne s'agit plus d'un enrichissement sans cause, d'un patrimoine aux dé-dépens d'un autre, il faudra agir au moyen de l'action exercitoire ; car, les effets bilatéraux et de bonne foi que de telles actions doivent produire, lui semblent ne pas pouvoir résulter d'une *condictio*.

M. de Savigny croit également que la *condictio* n'était accordée que dans les cas où, d'après les règles du droit commun, l'action donnée serait une *condictio* (7) ; « or ceci n'a trait qu'au cas où le fils, ou bien l'esclave a reçu un prêt d'argent avec le consentement du père de famille ou dans

---

6. Ortolan, *loc. cit.* III, n° 2218.
7. De Savigny, *Traité de droit romain*, t. V, appendice XIV.

son intérêt. » D'après lui, il n'y avait que cette opération juridique qui pût servir de base à une action directe contre le père de famille; dès lors, on comprend que, même après la réforme, les actions prétoriennes eussent conservé leur utilité. A l'appui de ce système, on invoque, au texte même des Institutes, ce passage où Justinien nous dit : *directo quoque possea patre domino ve condici, tanquam si principaliter cum ipso negotium gestum esset.* » Il semble résulter des derniers mots, qu'il n'y aura lieu à une *condictio directa*, que dans les cas où si le préposant, l'*exercitor* en l'espèce, avait traité lui-même, on aurait pu prononcer contre lui une *condictio*. Enfin, argument important, dans le passage des Institutes que je viens de rapporter, il est parlé de la manière la plus large du concours de la *condictio* avec les actions prétoriennes, à l'exception d'une seule passée sous silence, et c'est précisément l'action *de peculio* ; or, dans le système que j'expose, ce silence s'explique parfaitement ; car la réforme s'y applique principalement au *mutuum*, et, par suite, il est tout naturel de refuser la *condictio* contre le père de famille, comme l'action *de peculio* contre le fils. Elles seraient, l'une et l'autre, paralysées par l'exception du sénatus-consulte Macédonien, tandis qu'au cas de l'action exercitoire ou des autres actions énumérées par le texte, l'exception sera refusée (8). Ainsi, même après qu'une *condictio* eût été accordée, l'action continua à l'être, au cas où le *magister navis* avait contracté des obligations de bonne foi. C'est là une supériorité de cette théorie sur le système de M. Demangeat qui sanctionne par une action de droit strict des contrats de bonne foi. A M. Demangeat, on reproche de mal

8. L. 7, §§ 11 et 12; L. 12; L. 17. *De Senat. consult. Maced.* XIV. 6

interpréter le § 8 des Institutes Le texte est absolument général, il ne fait aucune distinction; et, ainsi que le fait observer
M. Accarias, parlant à deux reprises d'une *condictio*, dans
ces deux cas, il suppose l'action de droit strict en concours
avec une autre : « *directo quoque posse a patre domino ve
condici* », est-il dit au texte cité, et plus loin on lit encore :
« *directo posse condici placet* ».

M. Demangeat, à l'appui de son opinion, et pour combattre celle-ci, cite la loi 29, *De rebus creditis* faisant remarquer qu'elle accorde au créancier une *condictio*, et cela
sans faire de distinction entre les divers contrats qui ont pu
être passés par l'esclave *institor*. « *Si institorem servum dominus habuerit, posse dici Julianus ait, etiam condici ei
posse : quasi jussu contrahatur, a quo præpositus sit.* »
(L. 29, *De rebus creditis*, XII, 1.) Il fait également valoir la
loi 84 *Pro socio*. Ce texte suppose qu'une société a
été formée sur l'ordre d'une personne entre son fils ou
même un *extraneus* et un tiers ; ce dernier, nous dit Labéon, pourra agir directement contre la personne qui avait
ainsi donné son *jussus*. « *directo cum illius persona ogi
posse, cujus persona in contrahenda societate spectata
sit* ». Il tire de ce texte cette conséquence qu'il y avait une
action directe accordée à l'associé, et que c'était une *condictio*. Or, il s'agit ici d'un contrat de bonne foi, c'est donc
que dans toutes les circonstances, elle pouvait être employée.
Il est vrai qu'il a soin d'ajouter « qu'il n'est pas absolument
impossible que ce soit l'*actio pro socio*. » Qu'il s'agisse ici
d'une action directe le doute n'est pas permis : le mot
directo nous indique bien de quelle] façon l'action est intentée ; mais, faut-il en conclure que c'est une *condictio*, je

ne le pense pas, et je crois plutôt que finalement on avait permis, même dans les contrats de bonne foi, d'intenter directement l'action du contrat. Il y aurait là une réforme dont notre texte serait la trace. Un autre auteur prétend, au contraire, qu'il n'y a pas innovation, qu'il s'agit toujours de l'action *pro socio*, mais intentée avec les modifications nécessaires pour la transformer en action *exercitoria* (9). Quant à la loi 29 *De rebus creditis*, elle semble bien avoir la portée générale que lui donne M. Demangeat. La seule objection qu'on présente contre elle, c'est que le titre où elle se trouve s'occupe de la *condictio certi* et du *mutuum* ; que tous les textes avoisinants traitent précisément des cas de *mutuum*, et que, dès lors, il devait en être de même de la loi 29. Je pense, néanmoins, qu'il y a là un argument sérieux en faveur de la coexistence de la *condictio* et de l'action prétorienne.

M. Accarias défend également l'opinion qui considère la *condictio* comme ayant dû coexister avec l'action exercitoire. Il fonde son avis sur ce que les Instilutes font remarquer, que l'obligation, au cas qui nous occupe, ayant été contractée sur l'ordre direct ou indirect de l'*exercitor*, on doit considérer qu'il en est l'auteur direct ; « dèslors, nous dit-il, je conclus, de ce motif, que l'on applique ici la théorie générale qui permet au créancier d'exercer, à ses risques et périls, une *condictio certi* au lieu de l'action régulièrement engendrée par le contrat, et par *condictio certi*, il faut entendre la *condictio certæ pecuniæ*, c'est-à-dire que le créancier qui aurait traité, dans notre cas, avec *magister navis* pourrait faire la liquidation, de lui-même, de ce qui lui était

<hr>

9. Ortolan, *loc. cit.*, t. III, p. 690, note 1.

dû, évaluer la somme à laquelle il prétend, pour intenter ensuite cette *condictio*. Il s'appuie sur la loi 9, *De rebus creditis*. « *Certi condictio competit ex omni causa, ex omni obligatione, ex qua certum petitur : sive ex certo contractu petatur, sive ex incerto : licet enim nobis ex omni contractu certum condicere, dummodo præsens sit obligatio : cæterum si in diem sit vel sub conditionem obligatio, ante diem vel conditionem non potero agere.* » (L. 9, princip. *De rebus cred.* XII, 1). C'est de l'expression « *ex qua certum petitur* » que l'auteur fait découler sa théorie. Le sens en serait celui-ci : « quand nous transformons notre demande en une somme d'argent déterminée ». Pour M. de Savigny, l'idée serait, au contraire, la suivante : si le rapport de droit est de nature à engendrer une *condictio certæ pecuniæ*. Il objecte que la théorie, que je viens d'indiquer, est en contradiction avec l'esprit de l'ancien droit ; car les formules avaient précisément pour but de renfermer chaque rapport de droit dans ses limites individuelles ; que l'*intentio* exprimant le *dare oportere*, devrait être rejetée, aucune dette d'argent n'existant, et cette dette ne pouvant exister que plus tard par l'intervention du juge.

Je crois, néanmoins, l'argumentation de M. Accarias sérieuse ; sa théorie permet d'expliquer plusieurs textes dont il serait difficile de donner l'interprétation si on ne l'adoptait pas (10).

Et si l'on demande, quelle utilité conservent alors les actions *adjectitiæ qualitatis*, je répondrai qu'avec la *condictio* le créancier, s'il a certains avantages, comme la *sponsio ter-*

10. L. 5, *De except. rei. judic.* XLIV, 2, L. 28, § 4, *De jur.* XII, 2.

tiæ partis, court le danger de la *plus petitio* ; dès lors, il préférera se servir de l'action prétorienne que de courir un tel risque.

En somme, je le répète, il me paraît que dans le dernier état du droit, le créancier avait dans tous les cas deux actions contre l'*exercitor*, soit une *condictio*, soit l'*actio exercitoria* 11.

§ II. — *Droits de l'exercitor contre les tiers.*

L'*exercitor* avait-il action contre les tiers? primitivement, il n'en fut pas ainsi. Quand la personne qu'il avait préposée pour son commerce maritime était en sa puissance, que ce fût son fils ou son esclave, il avait *ipso jure* le droit d'intenter l'action acquise par ceux-ci (12). Si au contraire, c'était un *extraneus*, le préteur avait eu à se poser cette question : l'*exercitor* aura-t-il en pareil cas le droit d'intenter l'action acquise par son préposé contre les tiers ? Il l'avait résolue négativement. Il n'avait eu pour but, dans sa réforme, que de faciliter les transactions commerciales, de favoriser le développement du commerce maritime : or, pour y parvenir, il ne lui sembla ni juste, ni nécessaire d'étendre les droits de l'*exercitor*, et ceci pour plusieurs raisons. Celui-ci avait choisi le préposé, fait sa condition plus librement que le tiers; il n'avait pas suivi la foi du tiers qu'il ne connaissait pas, comme ce dernier avait suivi la sienne à lui préposant qui publiait son nom, son intérêt,

11. Accarias, *loc. cit.* n° 875.
12. L. 1, *De inst. act.* XIV, 3

dans l'affaire (13). Ulpien nous dit donc à la loi 1, § 18. « *Sed ex contrario exercenti navem adversus eos, qui cum magistro contraxerunt, actio non pollicetur ; quia non eodem auxilio indigebat.* » Si le *magister extraneus* était un homme libre, c'est contre lui que l'*exercitor*, en vertu des règles du droit civil, devait agir pour se faire céder les actions nées en sa personne, au moyen de l'action *mandati* si les services du *magister* étaient gratuits ; si, au contraire, ils lui étaient loués, par l'action *locati* ; c'est ce que nous dit le § 18 déjà cité : « *Sed, aut ex locato cum magistro, si mercede operam ei exhibet : aut, si gratuitam, mandati agere potest* ».

Lorsque le préposé *extraneus* était en puissance, c'était contre le *paterfamilias* ou le *dominus* que l'*exercitor* devait agir pour obtenir la cession des actions : il devenait alors *procurator in rem suam* et l'affaire faite par la personne esclave ou fils de famille devenait sienne ; le bénéfice lui en appartenait. Mais une situation plus délicate pouvait se présenter : je suppose que Primus m'a loué son esclave Stichus ; puis, après que j'en ai fait mon *magister navis*, il traite avec lui, lui vend des vivres, des voiles pour le navire ; en pareille circonstance, le maître n'avait évidemment aucune action contre lui-même et, par suite, je ne pouvais le contraindre, moi *exercitor*, à me la céder. J'agirai alors contre le *dominus* au moyen de l'action *ex locato conducto*, à raison de la location de l'esclave.

Le préposant pouvait donc, d'une façon indirecte, arriver à s'assurer le bénéfice des actions de son préposé contre les tiers ; mais il n'en subsistait pas moins de graves inconvé-

13. Labbé, *loc. cit.* appendice IX, page 878.

nients, afférant à la nécessité d'une double procédure, au danger de l'insolvabilité de son *magister navis* ou du chef de famille de celui-ci, quand il était *in potestate*. Le mandataire pouvait, également, être mort sans héritiers ; dès lors, pour le mandant, il y avait impossibilité à se faire céder les actions contre les tiers ; ou encore, s'il était mort après avoir constitué le mandant, *procurator in rem suam*, mais avant la *litis contestatio*, le pouvoir conféré au mandant s'évanouissait en pareil cas. J'ai parlé du danger de l'insolvabilité ; en pareil cas, il ne pouvait plus y avoir cession, car toutes les actions passaient alors au *bonorum emptor*.

Malgré les inconvénients que présentaient ce défaut de recours contre les tiers, l'*exercitor* demeura longtemps avant qu'on ne se décidât à venir à son aide. Ce fut l'intérêt général qui amena une première réaction en sa faveur, plus que les raisons d'équité que j'ai indiquées.

On sait quelle importance avait à Rome les approvisionnements de la ville, les faveurs accordées par les empereurs à ceux qui s'occupaient d'y pourvoir ; aussi, dès l'avènement de Tibère, ainsi que nous l'apprend Tacite (14), il y avait un magistrat « *Præfectus annonæ* » chargé de surveiller le marché de la ville, d'assurer les approvisionnements ; magistrat créé, dit Pomponius, *utilitatis causa* (15). Il permit aux armateurs, qui approvisionnaient Rome, de poursuivre *extra ordinem* les tiers qui avaient traité avec leurs préposés. C'était là une faveur qui leur fut également accordée par les gouverneurs des provinces. Remarquons

14. Tacite, *Annales*, I, 7.
15. L. 2, § 33, *De orig. jur.*, I, 2.

qu'il n'y avait là ni une action civile, ni une action honoraire ; mais une *cognitio extraordinaria* que le magistrat était libre d'accorder ou de refuser. Plus tard, le droit d'agir directement contre les tiers fut encore étendu dans un cas spécial : le préposant se trouvait-il en danger de perdre, par suite de l'insolvabilité de son représentant, ou du *dominus* ou du *paterfamilias* de celui-ci? on lui donnait action, *cognita causa*, s'il ne pouvait avoir autrement satisfaction. Ulpien nous cite une décision de Marcellus en ce sens, décision qui nous parle, il est vrai, de l'*institor*, mais qu'on étend à l'*exercitor* dont la situation présentait une analogie complète avec celle du préposant de l'*institor* (16). N'alla-t-on pas plus loin ; un nouveau progrès ne fut-il pas accompli et ne permit-on pas au mandant de s'adresser directement au créancier, dans tous les cas, sans avoir recours à la cession d'action? Papinien enseignait que le mandant ne pouvait agir directement contre le tiers sans une cession d'actions (17). Ulpien, inspiré par un sentiment de juste réciprocité, admit le mandant et par suite l'*exercitor*, à agir directement, sans qu'il y ait besoin d'une *cognitio causæ*. C'est ce qui paraît bien résulter de la loi 13, § 25, XIX, 1, ou, à propos d'une vente, il accorde au mandant une action contre l'acheteur. Le texte ne renferme aucune restriction. Marcellus professerait également la même doctrine. Voici comment M. Accarias explique la transformation introduite par le jurisconsulte. « Ulpien, nous dit-il, fait intervenir cette idée que le mandataire est tenu de céder ses actions

16. L. 1 et 2, *De inst, act.*, XIV, 3.
17. L. 49, § 2, XLI, 2.

au mandant, et en conséquence, il tient la cession pour sous-entendue ». Et cette doctrine était conforme au droit de la fin de l'époque classique où, du moment où une cession d'action était due, elle était considérée comme accomplie. Il est vrai qu'on prétend que le texte de Marcellus qu'il rapporte (L. 1, *De inst. act.*, XIV, 3) devait contenir une restriction analogue à celle de la loi 2 *eod. tit.* : « *si modo aliter rem suam servare non potest* », restriction supprimée et remplacée par ce passage de Gaius. Ulpien aurait donc une doctrine différente au cas d'un *institor* ou d'un mandataire ordinaire, à moins d'admettre que la loi 13 § 15 ne contînt aussi une restriction, double supposition, que rien ne prouve. C'était donc bien là sa doctrine. Mais il faut reconnaître que ni Gaius, ni Paul (18), au cas d'un *institor*, ne professaient cette opinion, et que Justinien, en insérant au Digeste les fragments de ces jurisconsultes, a maintenu leurs restrictions. Il est permis de supposer que l'*exercitor*, dont la situation était analogue à celle du préposant de l'*institor*, eut toujours à subir la même restriction, c'est-à-dire qu'il fallut l'insolvabilité du *magister navis*, pour qu'il lui fût permis d'agir, ou bien celle des personnes sous la puissance desquelles ce préposé était placé.

§ III. — *Extension des cas ou l'action est donnée contre le préposant.*

Je viens d'indiquer quels étaient les droits d'un mandant contre les tiers pour obtenir l'exécution du contrat

18. L. 5, *De stip. præt.*, XLVI, 5.

passé avec le mandataire ; il me faut, pour achever de marquer l'influence de notre action exercitoire, signaler rapidement que l'innovation prétorienne fut étendue, d'assez bonne heure à des faits autres que ceux pour lesquels elle avait été introduite.

« Les raisons qui justifiaient les actions exercitoire et institoire se retrouvent avec plus ou moins de force, chaque fois qu'un mandataire s'oblige dans l'exécution de son mandat » (19). Elles conduisirent, étant donné les services rendus par notre action exercitoire, et plus tard par l'institoire, à étendre, au mandat civil, les règles qui avaient été établies primitivement pour les affaires maritimes et plus tard pour le commerce terrestre.

Ce fut dans des cas qui présentaient de grandes analogies avec les fonctions du *magister navis* et de l'*institor*; que la réforme commença par se produire, suivant ainsi la marche logique de toute transformation juridique.

Le jurisconsulte Paul suppose un *villicus* chargé du soin des récoltes ; lorsqu'il en trafique, il y a là analogie avec les fonctions et les pouvoirs de l'*institor*, Paul accorde au créancier une action *quasi institoria*, donnée *ad exemplum institoriæ* contre le mandant (20).

Papinien, avant lui, avait accordé l'action *quasi institoriæ* dans une série de cas, dont l'ensemble forme une théorie complète : il décidait, par exemple, que le préteur pourrait agir contre le mandant, *ad exemplum institoriæ*, au cas d'un emprunt négocié et reçu par le mandataire (21). Ce

19. Accarias, n. 637.
20. L. 16. *De inst. act.* XIV, 3.
21. L. 19. *De inst. act.* XIV, 3. — L. 31, princ. *De neg. gest.* III, 5.

qu'il enseignait pour le prêt ou la fidéjussion, il l'admettait pour le cas où le mandant aurait donné mandat de vendre ; en pareil cas, l'acheteur ayant contre le vendeur l'action *ex empto* pour se garantir de l'éviction, il lui permettait également d'agir contre le mandant *ad exemplum institoriæ* (22). Je crois que, conformément à cette doctrine, tout créancier avait une action utile, *actio quasi institoria* contre le mandant. Ulpien, qui nous le rapporte, l'approuve pleinement (23).

Mais, si, par suite de cette transformation, le tiers pouvait agir directement contre le mandant, il faut noter qu'il y avait avec notre droit moderne cette différence persistante que le tiers continuait à avoir deux créanciers qu'il pouvait poursuivre à son choix, le mandant, et le mandataire, toujours directement tenu des actes qu'il avait passés (24).

Que, si on demande pourquoi l'action s'appela institoire utile, et non pas exercitoire utile, il faut répondre que cela tenait, semble-t-il, au caractère de généralité de l'*actio institoria*, tandis que l'*exercitoria* ne s'appliquait qu'à un cas particulier.

§ IV. — *Conclusion.*

L'*actio exercitoria* a été introduite, ainsi que je pense l'avoir démontré, la première ; puis, en présence des ser-

22. L. 13, § 23. *De act. empti.* XIX, 1.
23. L. 10, § 5. *Mand.*, XVII, 1, et loi 13, § 35, déjà citée.
24. L. 67. *De procur. et defens.* III, 3.

vices qu'elle rendait et des nécessités du commerce terrestre, on introduisit l'*actio institoria*, action d'un domaine plus vaste et plus général, ce qui nous explique que, lorsque l'influence de ces actions s'étendit même aux affaires civiles, c'est cette dernière à laquelle les textes se rapportent.

L'action *exercitoria* ne paraît plus être qu'un cas particulier de celle-ci et c'est sous son nom qu'elle fait sentir son influence dans la théorie de la non représentation à laquelle elle avait porté la première atteinte. Un premier travail de généralisation s'était ainsi accompli. Puis, sous l'influence des règles appliquées au commerce, le tiers qui aura contracté avec un mandataire, aura une action contre le mandant, action utile, *quasi institoria*. Le mandant, par une juste réciprocité, reçut action contre les tiers, et là encore, c'était une extension des règles que j'ai indiquées pour l'*exercitor* et le préposant de l'*institor*. Pour ces derniers, il semble même qu'on eût maintenu des restrictions qui n'avaient pas été admises pour les autres mandants.

Un nouveau pas fut-il fait, et finit-on par admettre la représentation telle que nous la concevons aujourd'hui ? c'est la dernière question qui me reste à retracer brièvement. Je crois qu'il faut répondre négativement; que dans le dernier état du droit, le mandataire était toujours obligé ; que jamais le droit romain ne connut la véritable représentation, et « que, si le préteur a corrigé les inconvénients de la règle contraire du droit civil, s'il a essayé de faire rejaillir sur le mandant les conséquences des actes du mandataire, il s'est bien gardé de rendre le mandataire étranger aux suites d'une opération, qu'il a conduite, parfois, à ses dépens» (25). Le mandataire ne disparut jamais complètement du contrat, pour laisser seuls en présence le tiers et le mandant.

La doctrine contraire a, cependant, été soutenue par M. de Savigny. S'appuyant sur ce texte de Modestin : « *Ea quæ civiliter adquiruntur, per eos qui in potestate nostra sunt, adquirimus; veluti stipulationem : quod naturaliter adquiritur, siculi est possessio, per quemlibet volentibus nobis possidere adquirimus* » (L. 53. *De acquirendo rerum dominio.* XLI, 1), il distingue deux espèces de contrats : les contrats solennels, et les non solennels. Pour ces derniers, le droit romain aurait fini par admettre une représentation complète. Dans le texte ci-dessus, le jurisconsulte nous dit qu'on peut acquérir « *civiliter, per eos qui in potestate nostra sunt* ». Il paraît faire ainsi une opposition entre ces choses et celles qu'on peut acquérir *naturaliter*. Je crois que ce texte ne vise que la *possessio*, nous rapportant cette règle déjà connue, que nous pouvons acquérir la *possessio* à un tiers, à la condition que l'*animus* nous soit personnel *volentibus nobis possidere*. Il n'y a donc pas contradiction avec la loi 1 au Code. L. IV, t. 27, qui est la condamnation formelle de l'opinion que je rapporte.

M. de Savigny ne voit, dans ce progrès qui se serait accompli en dernier lieu, qu'un développement de la théorie du *nuntius*.

On sait que ce dernier était une personne chargée de communiquer une proposition entre deux autres personnes, et de leur transmettre leur consentement réciproque. Or, si

25 M. Labbé, *loc. cit.*

la réforme s'était produite par extension de la théorie du *nuntius*, ce serait, évidemment, au cas d'un *mandatum unius rei* qu'elle serait apparue ; dans ce cas, le mandataire peut surtout être considéré comme un simple agent de transmission de la volonté réciproque des parties, tandis que, au contraire, au cas d'un *magister navis* ou d'un *institor* chargé d'un grand nombre d'opérations, la personne du représenté disparaît pour les tiers qui ont surtout en vue le représentant. Il y a donc une raison de douter dans cette dérogation au mode de transformation habituel du droit, quand on sait que c'est l'ordre inverse qu'ont suivi le préteur et la jurisprudence. En effet l'action du tiers contre le préposant fut admise dans l'ordre suivant : d'abord l'action exercitoire, l'institoire, puis l'institoire utile. Elle fut ensuite donnée pour les faits d'un *procurator* préposé à une série d'actes, et étendue au cas d'un fait unique dont on avait chargé le *procurator*. Enfin, une réforme aussi importante eût laissé, semble t-il, d'autres traces qu'un simple texte dont on peut, ainsi que je viens de le montrer, donner une explication autre et très naturelle ; texte qui est lui même, si on adopte la théorie de Savigny, contredit par d'autres lois qui maintiennent les vrais principes.

Concluons donc que, si l'influence de l'*actio exercitoria* avait fini par amener de larges dérogations au principe de la non-représentation, grâce aux procédés si souples et si simples du droit romain, procédés dérogatoires, satisfaisant d'une façon assez sérieuse aux besoins de la pratique pour qu'on n'eut pas à en souffrir, jamais l'idée moderne de la représentation ne fut admise dans le droit romain.

DE LA FACULTÉ D'ABANDON EN DROIT MARITIME

INTRODUCTION

Le propriétaire de navire est responsable des actes de
son capitaine : ce principe, que pose l'article 216 C. co.,
admis déjà en droit romain, a passé également dans les
lois étrangères. Les causes de cette responsabilité, sans
doute, se sont modifiées avec le temps ; la navigation, grâce
à une meilleure connaissance des courants, des côtes, au
développement continu de la science nautique, aux précautions imposées aux navires, à une instruction plus complète des marins, a vu certains dangers diminuer ; mais il
faut reconnaître, en se plaçant, à d'autres points de vue,
que les risques encourus sont plus considérables : le nombre des navires s'est accru, les chances de rencontre se sont
augmentées, d'autant que la mer, cette grande route du

monde, a aujourd'hui ses chemins, ses itinéraires tracés, que tout navigateur se rendant d'un port à un autre emploie. A la navigation à vapeur, avec ses vitesses considérables, que l'on joigne le prix des navires, les dépenses de toute nature qui vont en grandissant, et l'on verra que les risques des propriétaires de navires ont plutôt augmenté qu'ils n'ont diminué.

De cette responsabilité qui résulte, pour le propriétaire, des faits ou des engagements de son capitaine, je n'ai pas l'intention de m'occuper ici ; mais je voudrais étudier, dans les pages qui vont suivre, la limitation que notre loi y a apportée, limitation connue sous le nom de faculté d'abandon.

Valin, dans la préface de son commentaire de l'Ordonnance de 1681, s'exprimait ainsi. « Les mêmes sources, où les rédacteurs de notre Ordonnance ont puisé leurs décisions, doivent également être recherchées pour en connaitre les principes, pénétrer le sens et l'esprit. Sans cela, en effet, on ne pourrait qu'errer à l'aventure ». La nécessité d'étudier les sources de cette Ordonnance, de remonter aux origines des coutumes maritimes, Emerigon, son émule, la proclamait aussi, reconnaissant qu'il est difficile de comprendre plusieurs règles de la loi moderne sans avoir recours à l'ancienne. Ce que ces deux savants jurisconsultes enseignaient au dix-huitième siècle est encore vrai ; bien difficile serait de comprendre notre loi maritime, si nous ne nous reportions pas à l'Ordonnance de 1681 à laquelle notre Code se rattache si étroitement, si nous ne cherchions pas les traditions dans ses commentateurs, et si enfin, faisant ce à quoi ils conviaient déjà leurs contemporains, nous ne remontions pas encore plus haut dans nos recherches, jusqu'à ces vieilles coutumes du Moyen-Age, objet de leurs études. Notre droit maritime est le résultat de cet ensemble de coutumes et de traditions qui se sont lentement formées à travers les siècles sous l'influence des nécessités de chaque jour, des besoins nouveaux du commerce, joints à ces sentiments d'équité et d'ordre qui se trouvent dans toute société. Ces éléments, sans doute, se rencontrent dans toutes les branches de notre législation, mais, si c'est là un berceau commun, il faut bien reconnaître avec M. Desjardins : « qu'il n'y a pas une autre branche du droit, sur laquelle la tradition et la coutume eussent un plus grand empire » (1). Parmi les vieux textes juridiques qui pendant longtemps ont réglé les rapports commerciaux sur nos côtes, certains, tels que le *Consulat de la Mer* ou les *Rôles d'Oléron*, ont également influé sur la formation du vieux droit étranger ; puis l'Ordonnance de 1681 et le Code de commerce ont aussi agi sur lui, de telle sorte que des principes et des règles de notre loi se retrouvent également dans les autres pays maritimes.

La faculté d'abandon justifie pleinement les observations générales que je viens de présenter. Née d'une vieille coutume, dont l'origine ne serait pas française, elle finit par être adoptée dans beaucoup d'autres contrées après avoir passé dans l'Ordonnance de 1681, et plus tard dans le Code de commerce. Beaucoup de lois étrangères l'ont accueillie, à l'exemple de la nôtre, comme une protection nécessaire accordée au propriétaire de navires. C'est qu'en effet, il

---

1. Desjardins, *Traité de droit commercial maritime*, t. VIII, p. 6.

semble que, si Grotius a pu dire « qu'il paraît que l'action
« civile contre un maître de navire, par le fait de ses pa-
« trons est fondée sur le droit de la nature », on peut prétendre que ce même droit de la nature a paru exiger la
modération de cette responsabilité. Ce que je viens d'ex-
primer pour les faits du capitaine, faut-il l'étendre aux engagements contractés par lui ? je l'examinerai à la fin de
cette étude ; je me contente, pour l'instant, de constater que
la solution affirmative, adoptée par notre loi, a été admise
par un grand nombre de législations.

Les fautes et les engagements du préposé obligent le préposant, comme s'il en était l'auteur direct ; or, « qui s'oblige,
oblige le sien », dit un axiome de droit, c'est-à-dire que
l'ensemble de notre patrimoine est le gage commun de nos
créanciers (2092, C. civ.). La faculté d'abandon est une dérogation à ces principes : en effet, l'engagement du capitaine
présente le double caractère de louage de service et de
mandat ; dès lors, son maître devrait être tenu sur l'ensemble de sa fortune ; or, grâce à elle, en abandonnant le navire et le fret, le propriétaire limite les droits de ses créanciers, les restreint à une part, fort minime souvent, de ce
qu'il possède. Exception au droit commun, c'est ce dont il
faut se souvenir si on veut faire une application judicieuse
de l'article 216 (§ 2 et suiv.).

J'étudierai la loi française, en indiquant au fur et à mesure les modifications que d'autres législations ont cru devoir adopter, et en indiquant les solutions proposées dans
les divers congrès de droit maritime, qui se sont tenus dans
ces derniers temps, et qui tous se sont occupés de la question qui fait l'objet de ce travail. Plusieurs pays ont révisé,

dans ces dernières années leurs lois commerciales ; ils ont sur un grand nombre de points donné des solutions précises et détaillées, certains consacrant même à cette question qui n'est au Code de commerce que l'objet d'un article unique, plusieurs articles pour résoudre lès difficultés qui en France sont encore discutées par la doctrine et la jurisprudence. Je citerai notamment certaines républiques de l'Amérique du Sud. Si j'invoque leurs lois, ce sera moins à cause de l'importance pratique qu'elles peuvent présenter, pour bien des raisons, qu'à cause des solutions qu'elles ont cru devoir apporter.

Je vais examiner d'abord l'origine de notre faculté d'abandon, et son histoire. J'étudierai ensuite successivement les personnes qui peuvent s'en prévaloir, et celles à qui on peut l'opposer. Je m'occuperai enfin de sa nature et de ses effets.

Comme je l'ai déjà dit, presque tous les juges ont été amenés à modérer la rigueur du principe de responsabilité illimitée qui rendrait si précaire la situation du propriétaire de navire ; mais, plusieurs lois étrangères diffèrent cependant, dans leurs modes de limitation, de notre législation : j'aurai à étudier finalement ces divers systèmes et les conflits de lois qui peuvent se produire.

J'examinerai, en dernier lieu, les critiques qui ont été adressées à l'art. 216, § 2, ainsi que les arguments qui ont été présentés en sa faveur.

CHAPITRE I

Avec le Moyen-Age, le commerce renaît et se développe. Tout le long des rivages de la Méditerranée, s'élevèrent des cités devenues bientôt célèbres et florissantes, grâce à leur négoce qui fit leur fortune. Pise, Marseille, Barcelonne commencèrent, à cette époque, le grand rôle commercial qu'elles ont joué ou qu'elles jouent encore. Sur les rivages de l'Océan, le même destin heureux s'accomplissait pour certains ports tels que la Rochelle ou Dieppe, et plus au Nord pour les ports flamands ou les villes hanséatiques.

En effet, les croisades, la conquête normande de l'Angleterre, la prospérité des cités flamandes contribuaient à donner une impulsion considérable au commerce tant de la Méditerranée que de l'Océan.

Barcelonne eut, de bonne heure, non seulement des rapports avec les autres villes de sa région maritime, mais encore elle entretint des relations suivies avec la Flandre, avec Francfort et les villes commerçantes des bords du Rhin. Son commerce avec l'Angleterre n'était pas moindre. Si je cite Barcelonne, c'est que cette ville est considérée comme le berceau de la coutume où nous trouvons les premières traces de la faculté d'abandon (1). Cette coutume est le *Consulat de la mer*. Ce vieux recueil paraît bien avoir connu la limitation de la responsabilité et pour les obligations résultant des engagements contractés par le capitaine, et pour les fautes commises par lui.

Pour les fautes, je renvoie au chapitre CLXXII (Des dommages soufferts par le manque d'apparaux) : le patron est responsable sur ses biens, et le navire doit être vendu ; « mais les portionnaires ne sont responsables de rien au delà de la part qu'ils ont dans le navire ». Au chapitre CXLI (Des marchandises qui sont endommagées sur le tillac), on voit encore que les mêmes portionnaires ne sont tenus « que pour la part qu'ils ont dans le navire ».

Enfin, pour les engagements, c'est au chapitre CXCIV que je vais citer, qu'il faut se reporter.

« Si le patron se trouve en un lieu où il n'y ait pas d'ac-
« tionnaire, et que, n'ayant pas de fonds communs du na-
« vire, il emprunte pour les causes expliquées ci-dessus,
« toute la masse du navire doit payer l'emprunt, et aucun
« actionnaire ne peut s'y refuser. Mais si le navire se perd
« avant que l'emprunt ait été remboursé, aucun actionnaire
« n'est obligé de rien payer à celui qui aura prêté, puis-
« que le navire sera brisé et perdu. Que ce prêteur prenne
« donc bien garde comment il prêtera ; car l'actionnaire y
« perd assez, puisqu'il perd sa part. Ainsi, pour cette rai-
« son, le prêteur ne peut rien demander aux copropriétai-
« res du navire, parce qu'il doit prendre garde comment

(1) Marseille et Barcelonne se sont disputées l'origine du « Consulat de la mer ». Pardessus incline pour Barcelonne : ses raisons me paraissent probantes.

« il prêtera et que, lorsque le navire est brisé, les action-
« naires ne doivent rien payer ».

Il résulte de ce texte : 1° que le capitaine qui faisait un
emprunt était personnellement tenu ; 2° que, si le navire
était perdu, le prêteur ne pouvait rien demander aux ac-
tionnaires. On en déduit que le propriétaire avait le droit
d'abandonner le navire et le fret pour éviter de contribuer
aux dettes quand même le navire arriverait à bon port, car
dit Fremery (2) « si le copropriétaire n'est pas obligé quand
« le navire est perdu, à plus forte raison peut-il invoquer
« cette absence d'obligation quand il offre au prêteur sa
« part de propriété dans le navire, c'est-à-dire quand il
« consent à considérer le navire comme perdu ; et il semble
« juste de conclure que le « *Consulat* », lors même qu'il
« parle de l'obligation des copropriétaires de contribuer
« aux dettes, s'il y a perte au lieu de bénéfice, ne l'entend
« que sous la réserve du droit d'abandon, si la contribution
« à la dette excède la valeur même de la copropriété ».

C'était là une restriction née, sans doute, des besoins du
commerce : les risques étaient grands, les voyages très
longs, il fallait encourager les personnes qui voulaient bien
se livrer aux affaires maritimes, et confier leurs capitaux
pour entreprendre des expéditions lointaines. Jamais, je le
rappelle, les Romains ne songèrent ainsi à limiter la responsabilité du propriétaire de navires, et ce fut cependant
dans les pays où les souvenirs et les traditions romaines
eussent dû demeurer les plus vivantes que cette règle ren-
contra le plus de faveur. *Le Consulat de la mer* ne faisait

2. Frémery. *Études de droit commercial*, p. 184.

que rapporter un principe admis parmi les populations des bords de la Méditerranée ; plusieurs autres recueils le mentionnent. Une ordonnance des consuls de Valence, ayant trait à la procédure et probablement postérieure à l'an 1283, s'exprime en ces termes : « Le patron n'a pas le pouvoir d'obliger les biens de terre des prisonniers, s'il n'y a procuration ou autre pouvoir écrit. » Un siècle plus tard, je retrouve la même idée énoncée dans un statut de l'« Office de Gazarie » : elle y est même formulée sous une forme tellement impérative, qu'il semble bien qu'il y eût là un principe d'ordre public, regardé comme une sureté et une garantie pour la protection du commerce (3).

L'influence du *Consulat* alla toujours en grandissant. Casaregis nous apprend que de son temps, il avait force de loi dans toute l'Italie (4). A la fin du XVIIIe siècle les Etats sardes, et l'Autriche n'avaient pas d'autre droit maritime général que le *Consulat de la mer.*

Avant de m'occuper des usages maritimes des peuples du Nord, il me faut rechercher l'origine de cette limitation de la responsabilité du propriétaire de navire. Il faudrait la chercher, d'après Frémery, dans le contrat de commande, contrat très usité au Moyen-Age, le ressort le plus puissant des opérations commerciales dans les villes de la Méditerranée, désigné aussi sous le nom de contrat de pacotille. On le voit mentionné dans l'« *Assise de la Court des bourgeois* » (chap. 41 et suiv.). Le *Statut de Marseille* nous en parle sous le nom de *commendum* (Liv. 3, ch. 19 à

3. Pardessus. *Collection des lois maritimes antérieures au XVIIIe siècle.* T. IV, p. 520.

4. Casaregis. *Discursus,* 4 et 6 n^o, 14.

23); au XIII° siècle les chartes commerciales des Manduel négociants marseillais en renferment des traces (5). La commande florissait également chez les Arabes où elle était connue sous le nom de fiirad, ainsi qu'à Gênes. Les Statuts de cette dernière ville sous le nom de *commenda* lui consacrent plusieurs chapitres. Dans ce contrat, origine de notre commandite, on confiait des marchandises à un commerçant, et, quoi qu'il arrivât, on ne pouvait être tenu au-delà de sa mise. Le gérant pouvait obliger, non pas les personnes, mais simplement les mises. En limitant ainsi les risques, le contrat de commande attirait les capitaux ; car chacun pouvait mesurer les pertes qu'il aurait à redouter. Aussi, les commerçants des villes maritimes en firent l'application, non seulement aux marchandises, mais encore au navire ; ils amenaient ainsi l'argent aux armements, et leur donnaient, en leur appliquant les mêmes regles, le développement merveilleux qu'on observait également dans les autres branches du commerce, où le contrat de commande régnait en maître. Le capitaine de navire n'était plus un préposé ordinaire, mais un gérant chargé d'administrer, moyennant une part, le navire et tout ce qui avait trait à l'expédition. Il gérait la fortune ou partie de fortune que ses concitoyens lui avaient confiée sous forme de navire. Que ce fût le caractère ordinaire du capitaine à cette époque, et qu'il découlât du contrat de commande, le doute n'est guère possible, en présence des termes précis dont se sert le *Consulat de la mer* : « tout maître de navire « ou de bâtiment est et doit être tenu ou réputé pour comman-

<hr>

5. Blanc-Guilbaut, *thèse*, 1893, Aix, p. 65.

« dataire en toutes affaires qu'il traite avec des marchands
« pour le fait de son navire. » (Consulat, chapit.. CCL).

D'autre part, si les propriétaires n'étaient tenus comme
des commanditaires que jusqu'à concurrence de leur mise,
le patron l'était personnellement sur tous ses biens.

Peu à peu, le contrat de commande tomba en désuétude ;
on arriva à ne plus distinguer entre le cas où le patron du
navire était le gérant de l'expédition, et celui où il n'avait
que le rôle de préposé, de mandataire, à l'égard de son propriétaire ; mais le principe de limitation qu'on avait admis,
à l'époque primitive, en faveur de celui-ci, continua à sur-
vivre au contrat qui lui avait donné naissance. En résumé,
avec le temps, le capitaine était devenu un simple préposé,
dégagé de toute responsabilité personnelle ; d'autre part,
les propriétaires, ses préposants n'avaient pas vu la leur
grandir ; ils pouvaient toujours la limiter à leur part dans le
navire. Le créancier n'aura plus en réalité comme gage,
comme sûreté, que le navire lui-même.

Les nations du Nord de l'Empire ne connurent que plus
tard les règles que je viens d'exposer ; longtemps elles s'en
tinrent au droit romain, à la responsabilité illimitée du
magister navis. Si l'on s'étonne que les traditions du
droit romain s'y soient mieux maintenues que dans le
Midi devenu ignorant de la législation qu'il avait vu naître,
je crois que cela tient à ce que la commande ne pénétra que
beaucoup plus tard chez ces nations. En effet, là où comme
en Angleterre, le contrat de commande demeura inconnu,
cette restriction à la responsabilité du propriétaire de navire

demeura toujours ignorée (6). Du jour où il fut connu, les mêmes raisons économiques conduisirent à en faire l'application au commerce maritime.

Les *Rôles d'Oléron*, rédigés probablement antérieurement au *Consulat de la mer*, et qui eurent dans le Nord une influence comparable à celle que celui-ci eut sur les bords de la Méditerranée, ne contiennent rien sur la limitation de la responsabilité. La même idée se retrouve dans les différents recueils du Nord : *Les Jugements de Damme, les Lois de Wisby* qui tous, remarquons-le, se sont inspirés ou ont copié les *Rôles d'Oléron*.

Mais, plus tard, la restriction aux droits des créanciers s'introduisit, pour les motifs que je viens d'indiquer, dans les coutumes de la Hollande, des villes hanséatiques et de la Baltique. Elle s'introduisit chez ces diverses nations ; mais, point à noter, il semble bien qu'elle ne fut admise qu'au cas de responsabilité encourue pour les faits du capitaine, et non pour ses engagements (7)

Quoiqu'il en soit, Grotius nous dit (*De jure pacis et belli*, ch. II, § 13, *in fine*) « qu'en Hollande, où le commerce fleurit beaucoup depuis longtemps, le droit romain n'a jamais été suivi, bien loin de là ; l'usage est encore aujourd'hui que les associés ne sont tenus tous ensemble qu'autant que se monte la valeur du vaisseau et de ce qui est dessus ». Il commettait ainsi une erreur, puisque, ainsi que je viens de le dire, les coutumes primitives ne renfermaient rien sur ce point ; mais l'opinion que je viens de rapporter permet

6. De Sèze, *De la responsabilité des propriétaires de navire*, p. 5.
7. *Statuts de Hambourg, Recès de Lubech, Ordonnance de Rotterdam de 1721.*

de penser que, dès une époque assez lointaine la limitation de la responsabilité des propriétaires des navires
avait conquis, aussi, son droit de cité chez les peuples
commerçants des bords de la mer du Nord et de la Baltique,
où elle avait été importée. Vinius et Loccenius viennent
confirmer encore l'opinion de Grotius.

En France où les *Rôles d'Oléron*, suivant la doctrine romaine, admettaient la responsabilité illimitée, la nécessité
de la limiter se fit sentir de bonne heure. Ce fut à l'occasion des délits et quasi-délits commis par le patron du navire, qu'apparut la réforme. Une Ordonnance de Charles V
de 1415, destinée au commerce du Ponant, limitait au navire et au fret la responsabilité encourue à raison des faits
du capitaine. On peut donc dire, qu'au 16ᵉ siècle, et au
commencement du 17ᵉ, le propriétaire, conformément à
l'idée romaine, était tenu personnellement de tous les en-
gements du capitaine qu'il a préposé ; mais, que pour ceux
résultant d'un délit causé par celui-ci, terme générique qui
comprend tout dommage, il n'était obligé que jusqu'à concurrence de la valeur de ce qu'il avait confié au capitaine.

Une dernière transformation dans le droit maritime ne
se produisit-elle pas dans le courant du dix-septième siècle,
et ne finit-on pas par admettre la libération par l'abandon,
même en ce qui concernait les engagements contractés par
le capitaine ? Je rencontre, en Suède, dans le Stadtzlagh
promulguée en 1667, d'une rédaction probablement antérieure
à cette année, l'abandon, s'appliquant aux engagements
comme aux délits ou quasi-délits, admis en termes bien
nets : « si les armateurs veulent abandonner le navire et
« ses apparaux, on ne pourra leur demander rien de plus, ni

« s'en prendre à leurs autres propriétés, à moins qu'il se
« soient obligés spécialement. » Wedderkop résumant un
siècle plus tard, les usages de l'Europe septentrionale posait la règle suivante : « *navis eorum que quæ ad eum perti-
nent, cessione liberentur exercitores,* » et il se référait à l'Ordonnance de 1681. On sait quelle est l'influence considérable qu'eut sur le droit maritime européen, cette belle Ordonnance « l'œuvre législative la plus parfaite du règne
de Louis XIV » (8). Valin disait : « les nations les plus ja-
« louses de notre gloire, déposant leur préjugés, leurs hai-
« nes mêmes, l'ont adoptée à l'envi comme un monument
« éternel de sagesse et d'intelligence ». Il me faut maintenant examiner la solution donnée par elle en notre matière.

La faculté de se libérer par l'abandon fut reconnue par
elle au propriétaire. L'art. 2, tit. VII, liv. II, de l'Ordonnance était ainsi conçu. « Les propriétaires de navire seront
« responsables des faits du maistre ; mais ils en demeureront
« déchargés en abandonnant leur bastiment et le fret. » Ce
texte donna lieu à de longues controverses. Par le mot
« faits » les rédacteurs de l'Ordonnance avaient-ils simplement entendu les délits et quasi-délits du maltre, ou bien,
au contraire, l'expression employée par eux comprenait-
elle également les engagements ? Rédigée, après enquête
dans les différents ports du royaume, l'Ordonnance consa-
crait-elle les usages de l'Océan ou ceux de la Méditerranée ?
Il était difficile de le dire. Aussi, chaque région maintint
ses usages antérieurs, voyant dans l'art. 2, la consécration
de ses idées juridiques. Dans cette controverse, les ports

8. Lyon-Caen et Renault. *Traité de droit commercial*, t. V, n° 38.

de l'Océan eurent pour champion Valin ; ceux de la Méditerranée Emérigon. Voyons comment ces deux célèbres jurisconsultes commentaient l'Ordonnance.

Valin, sur l'article précité, s'exprime ainsi : « Il est pourtant des cas où il (le propriétaire du navire) ne se libère « pas, en déclarant faire abandon. Et d'abord cela est évident, s'il s'agit de dettes contractées par le capitaine pour « causes qui aient réellement tourné au profit du navire ; « alors, que le navire arrive à bon port ou non, l'armateur « ne peut se dispenser de payer. » (9).

Ainsi pour lui, le mot « faits » devait être interprété dans un sens restrictif. Son opinion fut suivie par les juridictions du Nord.

Emérigon, au contraire, donnant une interprétation très large au mot « faits » n'y voyait que la confirmation des principes en honneur chez les méridionaux : « Les armateurs, en abandonnant le navire et le fret, sont déchargés des obligations contractées par le capitaine, parce que son mandat était circonscrit au fait de la navigation, sans s'étendre au delà. »(10). Les juridictions du midi se rallièrent à cette opinion. Il y eut cependant, tout d'abord, une certaine résistance contre l'opinion d'Emérigon. L'Amirauté de Marseille adopta à l'origine l'opinion que soutint Valin, mais le Parlement d'Aix réforma ses sentences jusqu'à ce qu'elle se ralliât à la tration des pays du midi. Sauf pour ces contrées, l'opinion adverse semble avoir rencontré plus de faveur, si j'en crois ce que nous dit Emérigon. Il souhaitait, en effet;

9. Valin. *Commentaire de l'Ordonnance de 1681.* T. I, p. 568.
10. Emérigon. *Traité des contrats à la grosse.* Chap. IV, section XI.

« un règlement qui servit d'instruction aux capitaines et
« aux officiers de justice établis aux îles, où la nouvelle ju-
« risprudence est ignorée (celle du Parlement d'Aix) et où
l'on est induit en erreur par la doctrine de M. Valin. » Le
règlement ne vint jamais, et la controverse persistait encore au moment de la rédaction du Code de commerce,
comme la dualité dans la jurisprudence.

Ainsi, à la fin du dix-huitième siècle, la faculté de se libérer par l'abandon était admise pour les faits du capitaine;
pour les engagements, il n'en était pas de même et la controverse persistait. A la même époque, un mouvement se
dessina contre l'idée de restreindre les obligations des propriétaires de navire. On y voit une disposition exorbitante,
une anomalie bizarre. Le Code prussien de 1794 la rejette
(art. 1525 à 1529). Le Code du royaume de Naples (art.303)
et, plus tard, le Code espagnol de 1829 (art. 621 et 622)
vont consacrer la même réaction.

En France, la partie commerciale de l'Ordonnance de
1681 fut formellement abrogée par la loi des 16 et 25 septembre 1807, décrétant et promulgant le livre II du Code de
commerce. En réalité, la plupart des prescriptions de l'Ordonnance ont survécu, et le livre II en est, d'une façon générale, la reproduction. L'article 216 était ainsi conçu :
« Tout propriétaire de navire est civilement responsable
« des faits du capitaine pour ce qui est relatif au navire et à
« l'expédition. — Sa responsabilité cesse par l'abandon du
« navire et du fret.» La commission aurait adopté l'opinion
d'Emérigon, paraît-il, mais finalement le Conseil d'État aurait repoussé sa proposition et assuré à Valin l'avantage de-

puis longtemps disputé (11). Quoi qu'il en fût, la controverse reprit entre les partisans des deux opinions qu'avaient enseignées les deux jurisconsultes. La Cour de Rennes, les tribunaux de commerce de Marseille et du Havre adoptèrent la doctrine d'Emérigon, mais la Cour de Rouen se rallia au système inverse. La Cour de Cassation (12) dans une série d'arrêts, déclara que l'article 216 était inapplicable aux engagements, donnant ainsi, je le crois, sa véritable portée à notre texte. Il n'y avait pas qu'à la jurisprudence à réagir contre le sens large donné à l'article 216 ; de savants écrivains le combattaient également ; ainsi Fremery (*loc. cit.* p. 193), après avoir noté que le principe n'était pas universellement admis, ajoutait : « eût-il été marqué de ce caractère, la raison commanderait encore de reconnaître que « c'est là un des cas rares où la coutume, malgré son universalité, n'est point l'expression du droit. » Pour lui, le Code de commerce s'était rallié au système de Valin, et, en décidant ainsi, il n'avait fait que consacrer « l'expression « exacte de ce qui se passe dans la convention et la volonté commune des parties ; les propriétaires de navires ont « voulu que le capitaine fût leur préposé ; donc, ils ont voulu « s'engager, pour les besoins de l'expédition, par l'entremise « du capitaine. »

Les armateurs s'élevèrent contre la jurisprudence de la Cour de cassation qui étendait leur responsabilité ; ils réclamèrent avec ardeur une législation plus favorable. Les chambres de commerce firent également entendre leurs doléances. Le commerce maritime fit valoir qu'on étendait

11. Frémery, *loc. cit.*, p. 190 et 191.
12. D. 1827. 1. 307. — D. 33. 1. 240. — D. 34. 1. 291.

la responsabilité du propriétaire de navire au delà de ses intentions ; qu'en faisant un armement, il ne voulait certainement courir des risques que jusqu'à concurrence de la valeur du navire et du fret ; enfin, qu'en limitant sa responsabilité, on favoriserait les armements. Certains chargeurs et affréteurs, il est vrai, voyaient dans le maintien de la loi existante, avec l'interprétation donnée par la Cour de cassation, une garantie, tout à la fois, pour le choix du capitaine, et contre une connivence entre l'armateur et le capitaine pour faire naviguer de mauvais navires dont la valeur serait couverte par le montant des assurances. Néanmoins, le gouvernement élabora un projet modifiant, dans le sens demandé, l'article 216. Soumis à la Cour de cassation et aux Cours d'appel, il reçut l'approbation de la plupart de ces juridictions. Le gouvernement consulta également les chambres, et le conseil général du commerce, qui donnèrent leur approbation. Le projet de loi fut déposé en juillet 1839, et voté, par la Chambre des députés, le 24 janvier 1840. Retiré par le gouvernement, pour lui faire subir quelques modifications, le projet fut soumis, à nouveau, aux Chambres. Adopté par les deux assemblées, après une discussion très intéressante, il devint la loi du 14 juin 1841 (13). Après avoir rappelé les réclamations des armateurs, et les raisons qu'ils faisaient valoir à l'appui, l'exposé des motifs ajoutait que la législation, ainsi modifiée, serait en rapport avec celles des principales nations de l'Europe. « On peut citer,

13. *Moniteur* du 31 janvier, et des 23 mars, 16, 17 et 18 avril 1841. Présentation à la Chambre des députés, rapport, discussion et adoption : *Moniteur* des 27 avril, 13, 25 et 26 mai 1841. Nouvelle présentation à la Chambre des pairs ; *Moniteur*, 8 et 10 juin 1841.

« disait-il, parmi ces dernières : *le Consulat de la mer*, dont
« l'autorité était reconnue en Italie, le statut de Hambourg,
« le code du royaume des Pays-Bas, la loi maritime de Suède,
« et le code danois de 1683. » Les partisans du projet invoquaient les arguments présentés par le commerce, arguments que j'ai relatés plus haut. La loi était vivement combattue par Portalis, Persil, Dupin ; ce dernier n'y voyait
même qu'une banqueroute à l'étranger. Je retrouverai, plus
loin, les raisons qu'ils faisaient valoir contre le projet,
quand j'étudierai la valeur théorique et pratique de la faculté
d'abandon. Je les indique brièvement dès maintenant : ils
objectaient, que les prêts à la grosse seraient beaucoup plus
onéreux ; que la difficulté d'emprunter amènerait souvent
la nécessité de vendre le navire, faute de pouvoir le remettre en état de navigabilité ; que les chargeurs verraient,
malgré les modifications proposées pour les articles 224 et
298, leur situation aggravée ; qu'enfin, parmi les lois étrangères, les unes étaient en faveur de la responsabilité illimitée, comme l'Angleterre, dont la marine était cependant si
florissante ; les autres reproduisaient le code français. Ils
faisaient encore valoir qu'en présence de cette irresponsabilité, les affréteurs préféreraient s'adresser aux navires
étrangers. A cette dernière objection, il était répondu
qu'ils auraient encore avantage à s'adresser aux navires
français, dans bien des cas, ces derniers étant seuls admis
dans nos colonies, et procurant au retour un avantage sur
les droits d'entrée. Je fais remarquer que cette argumentation a perdu, aujourd'hui, de sa valeur avec les transformations de notre régime économique. Les deux premiers
alinéas de l'art. 216 furent ainsi rédigés : « Tout propriétaire

« de navire est civilement responsable des faits du capi-
« taine, ottenu des engagements contractés par ce dernier,
« pour ce qui est relatif au navire et à l'expédition.

« Il peut, dans tous les cas, s'affranchir des obligations
« ci-desus par l'abandon du navire et du fret ».

Le mouvement législatif s'est étendu à d'autres pays : l'i-
dée de restreindre la responsabilité des propriétaires de
navire, même au cas d'engagements contractés par leur capitaine, a gagné du terrain. La Belgique, la première, s'était
mise d'accord avec le nouvel article 216 par une loi de 1855.
Cette loi est aujourd'hui abrogée et remplacée par celle du
21 août 1879, qui reproduit dans son article 7 les dispositions de l'art. 216. Il est juste de remarquer que, dès 1838,
la Hollande avait admis l'abandon, tel que le conçoit la loi
française (art. 321). Plusieurs pays ont vu leur situation
politique se modifier ; par suite, un droit nouveau a remplacé
l'ancienne législation : c'est le cas de l'Italie, de la Roumanie. La première admet la faculté d'abandon à laquelle le
Code italien consacre plusieurs articles (art. 491 et suiv.).
Pour la Roumanie, je signalerai le Code de 1887 (art. 502
et 503) ; la nouvelle loi est la reproduction du droit italien.
Le Code espagnol de 1885 (art. 586 à 588 et 590) ; le Code
portugais (art. 492,§ 1) ont, avec d'assez grandes restrictions,
le droit de se libérer par l'abandon. Je signale encore la
Finlande (loi 1874, art. 17). Je citerai, enfin, en Europe, la
Grèce, la Turquie, l'Egypte, Malte ; notons, toutefois, que
ces pays ont conservé la rédaction du Code de 1807.

En Amérique, les républiques les plus importantes ont
révisé leurs lois commerciales dans ces dernières années :
elles se sont inspirées, sur la question, qui m'occupe, de l'i-

dée de notre droit, faculté de se libérer par l'abandon ; mais, il faut reconnaître que l'influence la plus directe a été celle du Code italien. Je citerai le Mexique, (671 et suiv.) ; le Brésil ; la République argentine (art. 880 à 883) ; le Chili (article 879 et 882).

J'énumère ces diverses lois, me réservant de signaler leurs dispositions, et les différences qu'elles présentent avec le droit français au fur et à mesure que j'étudierai l'art. 216 dans ses détails.

Je laisse, à dessein, de côté les pays qui, comme l'Allemagne, admettent la limitation de la responsabilité pour les faits comme pour les engagements ; mais emploient un procédé, différent de notre droit, pour limiter les obligations du propriétaire : et, aussi, l'Angleterre et les Etats-Unis qui ont une législation toute particulière. Je retrouverai à la fin de cette étude, ces diverses lois pour les examiner brièvement, et les comparer au système de notre droit français.

Il me faut, pour terminer l'historique de l'art. 216, parler de la loi du 12 août 1885, qui a encore étendu la sphère d'application du principe posé par cet article. En vain, la loi de 1841 disait : « le propriétaire peut dans tous les cas se libérer, etc. » ; la jurisprudence administrative, au cas d'échouement ou de naufrage dans les eaux qui donnent accès à un port, déclarait l'article 216 inapplicable (14).

L'épave, disait l'administration, crée un obstacle dangereux pour la navigation ; c'est pour le propriétaire du navire une obligation personnelle de la faire disparaître, et

14. Décrets au contentieux du Conseil d'Etat, 8 janvier 1863, 8 février 1864 et 15 juillet 1870. *Recueil des arrêts du Conseil d'Etat*, Lebon, 1863, p. 15, 1864, p. 118.

s'il n'obéit pas à la sommation que je lui adresse, il commet une contravention de grande voirie. Cette jurisprudence entraînait souvent des dépenses considérables pour les armateurs ; aussi des protestations s'élevèrent-elles contre elle. Lors de la réunion de la commission d'enquête sur la marine marchande en 1873, le commerce maritime, entre autres réclamations, fit valoir ses doléances sur ce point. La commission proposa alors d'y faire droit. Un projet fut déposé, après avoir été délibéré par l'assemblée générale du Conseil d'Etat, à l'Assemblée nationale. J'ajouterai que les modifications qu'il proposait d'apporter au livre II du Code de commerce, étaient en harmonie avec les décisions de la commission chargée en 1865 de préparer la révision de toute cette partie importante de notre législation commerciale (15). L'Assemblée nationale se sépara avant d'avoir pu statuer sur le projet. Il fut repris au Sénat par MM. Grivart et de Kerjégu en 1877 ; mais ce ne fut qu'en 1885 qu'il finit par aboutir. Le principe en avait été admis sans difficulté ; la portée à donner à cette modification juridique causa des difficultés qui expliquent le temps, assez long, écoulé entre la présentation et le vote de la loi.

L'article 216 est donc aujourd'hui ainsi conçu :

« Tout propriétaire de navire est civilement responsable
« des faits du capitaine, et tenu des engagements contrac-
« tés par ce dernier, pour ce qui est relatif au navire et à
« l'expédition.

« Il peut, dans tous les cas, s'affranchir des obligations
« ci-dessus par l'abandon du navire et du fret.

15. *Journal officiel*, 1883. *Annexes*, n° 10 (séance du 22 janvier 1883).

« Toutefois, la faculté de faire abandon n'est point ac-
« cordée à celui qui est en même temps capitaine et pro-
« priétaire ou copropriétaire du navire. Lorsque le capi-
« taine ne sera que copropriétaire, il ne sera responsable
« des engagements contractés par lui, pour ce qui est rela-
« tif au navire et à l'expédition, que dans la proportion de
« son intérêt.

« En cas de naufrage du navire dans un port de mer ou
« hâvre, dans un port maritime ou dans les eaux qui leur
« servent d'accès, comme aussi en cas d'avaries causées
« par le navire aux ouvrages d'un port, le propriétaire du
« navire peut se libérer, même envers l'Etat, de toute dé-
« pense d'extraction ou de réparation, ainsi que de tous
« dommages-intérêts, par l'abandon du navire et du fret
« des marchandises à bord.

« La même faculté appartient au capitaine qui est pro-
« priétaire ou copropriétaire du navire, à moins qu'il ne
« soit prouvé que l'accident est arrivé par sa faute ».

CHAPITRE II.

Il résulte de l'art. 216 que le propriétaire est responsable des faits délictuels ou quasi-délictuels de son capitaine, et tenu des engagements se rattachant au navire et à l'expédition. Il peut, dans l'un et l'autre cas, s'affranchir de l'obligation qui pèse sur lui par l'abandon du navire et du fret.

En général, le Code parait confondre le propriétaire avec l'armateur. Ce dernier est celui qui arme le navire pour la navigation, c'est-à-dire le pourvoit de tout ce qui est nécessaire en vue d'une expédition maritime, l'administre et se propose de percevoir les bénéfices à réaliser dans l'entreprise. Il y a là deux qualités distinctes qui, en fait, elles le sont le plus souvent, peuvent être réunies sur la tête d'une même personne. A moins d'indications contraires, les explications que je donnerai, quand je parlerai de propriétaire de navire, se rapporteront à ce cas. Il se peut également que le propriétaire ait loué son navire à un armateur qui l'équipe, dans son propre intérêt, pour une entreprise quelconque : c'est l'armateur affréteur. Le navire, enfin, peut être la propriété de plusieurs copropriétaires qui chargent l'un d'eux de gérer les intérêts communs, ou bien, encore, l'unique propriétaire peut charger un tiers de le représenter ; en pareil cas, le représentant reçoit le nom d'armateur gérant.

Je rappelle que le nom du propriétaire de navire, en vertu de l'art 17 du décret du 27 Vendemiaire an II, est inscrit sur un registre matricule tenu à cet effet en douane, et qu'il doit figurer également au dos de l'acte de francisation, l'un des papiers du bord obligatoire pour tout navire.

Dès lors, quand je dis que la faculté d'abandon appartient au propriétaire, il faut bien remarquer qu'il s'agit non pas seulement de celui qui est propriétaire réel, mais encore de celui dont le nom est porté à l'acte de francisation. Si le nom du véritable propriétaire n'y avait pas été inscrit, c'est en vain qu'il se serait conduit comme tel vis-à-vis du public et du capitaine, il ne pourrait user de la faculté d'abandon (1), quand les tiers invoqueront leurs contrats passés avec le capitaine.

Quel est ici le sens du mot navire ? ce terme ne s'applique qu'aux bâtiments de mer : il suffit pour s'en convaincre, de se reporter à la rubrique du titre I du livre II « Des navires et autres bâtiments de mer » et aux travaux préparatoires du Code de commerce. C'est donc, en vain, que les propriétaires d'un navire faisant la navigation fluviale, ou même la navigation maritime accidentellement, voudraient se prévaloir de l'art. 216. Il n'y a, d'ailleurs, pas les mêmes raisons pour accorder une faveur aussi exceptionnelle à la marine fluviale. La surveillance du patron est plus aisée, les risques sont moins grands. Il n'y a là qu'un préposé ordinaire dont les pouvoirs sont délimités par le propriétaire

1. D. 76. 1. 193.

lui-même, et non par la loi comme dans le cas du capitaine
d'un bâtiment de mer. L'inapplicabilité de notre article à la
navigation fluviale a été formellement reconnue lors de la
discussion de la loi du 12 août 1885. A la chambre des députés, la commission, par l'organe de son rapporteur
M. Peulevey, avait proposé d'étendre les dispositions nouvelles de l'art. 216 aux bâtiments de rivière (2) ; cette modification fut acceptée. Mais le Sénat, adoptant l'avis de sa
commission, la rejeta, au contraire, car, disait son rapporteur, il s'agit de modifier un texte du Livre II du Code de
commerce qui ne vise que le commerce maritime. La doctrine et la jurisprudence admettent d'une façon unanime
cette opinion (3).

Le droit de se libérer par l'abandon appartient donc à tout
propriétaire d'un bâtiment de mer. Pour déterminer si un
navire rentre ou non dans cette catégorie des bâtiments de
mer, il faut prendre en considération la destination habituelle du navire (4) ; mais peu importent alors ses dimensions
et l'emploi que l'on en peut faire ; ainsi, le propriétaire de
bateaux pêcheurs, faisant la pêche maritime, y a droit aussi
bien que celui d'un puissant vapeur (5). Il n'y a donc pas à
prendre en considération les eaux dans lesquelles le bâti-

2. *Documents parlementaires. Session ordinaire de 1882*, p. 1629.

3. Rennes, 26 juin 1892, N. 73. 1. 224. — Cassation, 17 mai 1892,
II. 92. 2. 214. (Je désigne : par N, *Le Journal de Nantes* ; par II, *Le Journal du Havre.*

4. Desjardins. *Traité de droit commercial maritime*, I. n° 35 ; de
Valroger. *Droit maritime*, I. n° 9. — RI. Bruxelles, 1. 884. I. 169. —
Anvers, 1886. I. 511. — Cassation, 11 février 1887, RI, II. 643. Rennes,
9 juin 1890, R.I, VII. 15. (Je désigne par R.I, *La Revue internationale de
droit maritime.*

5. Cassation, 6 mai 1887. Pas. 87. 1. 235. — Rennes, 9 juin 1890,
ci-dessus. (Pas : *Pasicrisie belge*).

ment navigue, au moment de l'abordage par exemple, pour l'application de l'art. 216.

Cette opinion, longtemps admise par la jurisprudence belge, s'appuie sur ce que le livre II s'applique à tout commerce maritime, et que la loi ne fait aucune distinction entre les divers navires (6). Il a été répondu, avec raison selon moi, que « par cela seul que la loi a parlé de navires, elle n'a eu évidemment en vue que les bâtiments de mer, c'est-à-dire ceux qui sont connus et inscrits comme tels » (7). Ainsi, les propriétaires d'un dock flottant, d'un remorqueur, d'une allège, d'un chaland ou d'une chaloupe à vapeur, affectée au service d'une rade, ne pourraient user du mode de libération de l'art. 216 (8).

Le propriétaire peut être poursuivi à raison des actes de l'armateur affréteur; il peut, en pareil cas, se libérer par l'abandon du navire, sauf son recours contre celui-ci. L'armateur gérant, la conséquence indirecte de l'abandon étant l'aliénation du navire, aurait besoin d'un mandat spécial. De cette conséquence indirecte de l'abandon, il faut également conclure, qu'il ne suffit pas d'être propriétaire, mais qu'il faut encore avoir la capacité d'aliéner, pour pouvoir invoquer ce mode de libération.

Les créanciers personnels du propriétaire pourraient-ils

6. Anvers, 8 septemcre 1865, A. 1865, 1. 283. — 8 mai 1876. A. 1876, 1. 208. (Je désigne par A, *Le Journal du port d'Anvers*).

7. De Valroger, loc. cit , n° 246.

8. Voyez sur tous ces points. *Cour suprême des Etats-Unis*, RI, 10 janvier 1887, II. 721. — Bruxelles, 14 juillet 1886, RI II. 196.— St-Nazaire, 22 mars 89, RI, V. 55.— *Gazette des Tribunaux*, 9 juin 1893. Arrêt de la Cour d'appel de la Réunion du 26 avril 1893. — Contra : Le Havre RI, IV. 286.

A 7.

user de la faculté d'abandon, pour écarter les créanciers qui
ont contracté avec le capitaine, qui ont suivi la foi du navire, et ceci en vertu de l'art. 1166 du Code civil? Je pense
qu'il n'y a pas là un droit attaché essentiellement à la personne : l'art. 2225 (C. civ., permet au créancier d'invoquer
la prescription à la place de son débiteur, si celui-ci refuse
de l'invoquer ; or, l'abandon, aboutissant aussi à faire considérer comme éteintes les créances contre le propriétaire
débiteur, doit pouvoir être invoqué par les créanciers de ce
dernier. De ce qu'il n'y a pas là un droit purement personnel, je conclus qu'en cas de faillite, les syndics ou les li-
quidateurs pourraient user de ce droit, au nom de la masse
des créanciers.

Remarquons que, pour que le propriétaire pût invoquer
l'art. 216, il ne suffit pas qu'il ait la propriété du navire, il
faut, encore, que celui-ci soit en service, qu'il y ait à bord
un capitaine exerçant régulièrement ses fonctions ; c'est
ainsi qu'il a été jugé, que le propriétaire ne pourrait se libérer des emprunts contractés par le capitaine, chargé de
surveiller la construction du navire, quand bien même il
serait construit en vue de la navigation maritime (9). Il en
serait encore de même d'un bâtiment, hors de service, conduit au lieu de son déchirement (10).

J'ai dit que tout propriétaire pouvait se libérer par l'abandon ; on s'est demandé si la règle ne souffrait pas des exceptions pour les navires de plaisance ou pour ceux appartenant à des compagnies de navigation. Je crois que la solution affirmative doit être admise dans l'un et l'autre cas. Je
m'occuperai, d'abord, de la navigation de plaisance.

9. M. 1876. 1. 245. (M : *Journal de Marseille*).
10. D. 52. 1. 8. — Caumont, *Dictionnaire de droit maritime* : v° au
mot *Abandon*, n° 83.

Le livre II, a-t-on dit, ne s'applique qu'au commerce maritime, et les propriétaires de yachts ne sauraient invoquer des dispositions qui n'ont pas été formulées en leur faveur. Je réponds que l'intitulé du livre II est trop étroit ; qu'il renferme des dispositions s'appliquant à toute navigation : le rôle d'équipage, par exemple, est, en droit, obligatoire pour les bateaux de plaisance(11). L'ordonnance du 18 octobre 1740 et l'art. 226 C. co. s'appliquent à eux comme à tout autre navire. L'administration, dans un but bienveillant, avait établi une distinction entre les bâtiments de plaisance destinés à faire des excursions ou des voyages de quelque durée, et les simples embarcations de plaisance ; les premiers armés au long cours ou au cabotage devaient recevoir un rôle d'équipage ; les autres, un simple permis de navigation spécial ; mais, l'administration de la marine se réservait le droit d'imposer l'un ou l'autre. Cette dernière distinction a été supprimée, modification confirmée par le décret du 25 octobre 1863, et l'art. 3 du décret du 9 décembre 1873(12) ; ainsi tout navire de plaisance peut être affranchi du rôle d'équipage, sauf si le propriétaire le réclame dans l'intérêt des gens de mer qu'il emploie. C'est donc une faveur spéciale à ce genre de navigation. Il en résulte, que, pour l'administration de la marine et la jurisprudence, le Code de commerce renferme des dispositions générales, applicables à toute navigation. L'art. 217 vise l'armement en course : il y a là une navigation particulière

11. Cassation du 17 janvier 1850 Circulaire du 12 mars 1850 : (B. O. p. 209, 2ᵉ série) et du 22 août 1851 (B. O. 2ᵉ série, p. 355).

12. Voyez : Circulaire du 23 mai 1862 : B. O. 1862, 1ʳᵉ série, p. 491. — 1863 : B. O. 2ᵉ série, p. 397. — 1863 : B. O. 2ᵉ série, p. 668.

qu'on peut difficilement considérer comme une navigation commerciale. Ainsi, il paraît bien que le livre II doit s'appliquer à tous les armements maritimes, quelle que soit leur nature. Je remarque, enfin, que la formule « tout propriétaire de navire » employée par l'art. 216 est aussi large que possible ; qu'à l'époque où le Code de commerce a été rédigé, la navigation de plaisance était inconnue ou à peu près, ce qui explique qu'il ne s'en soit pas explicitement occupé ; qu'enfin, l'Etat a le même intérêt à son développement qu'à celui de tout autre navigation, puisqu'elle fournit des marins, avec l'avantage de les conserver dans les eaux françaises. Pour toutes ces raisons, je crois qu'il faut permettre au propriétaire d'un bâtiment de plaisance de se libérer par l'abandon, des responsabilités qu'il encoure à raison des actes de son capitaine (13).

On a contesté, aux grandes compagnies de navigation, le droit d'user du mode de libération de l'article 216. Ce sont bien des propriétaires de navire, a-t-on dit ; mais, chez elles, la qualité de commissionnaire en transport domine ; s'étant chargées du transport, elles sont obligées de garantir, en vertu de l'art. 96, C. co., les avaries et la perte des marchandises. Cette allégation est inexacte : la loi a, en effet, distingué deux espèces de commissionnaires de transports ; ceux par terre et par eau, dont s'occupent l'art. 96 et suivants, et ceux par mer. Pour ces derniers, les règles qui les concernent, se trouvent au livre II du Code de commerce. Les compagnies doivent être considérées comme des armateurs ordinaires, ayant plusieurs navires, faisant des transports par mer, le plus souvent réguliers et à jour fixe, de

13. Cour d'appel d'Aix, 28 novembre 1883, II. 1884, 2, 140.

passagers et de marchandises. Le contrat passé avec elles est bien toujours un contrat d'affrètement. Elles sont donc soumises aux règles du livre II, et les termes, employés par l'art. 216, étant absolument généraux, ce dernier leur est applicable comme à tout propriétaire (14). Ajoutons que la solution contraire serait, d'ailleurs, profondément injuste, et irait contre l'idée de la loi qui veut, en restreignant les responsabilités, pousser aux armements. Ce serait à ces compagnies qui entretiennent de vraies flottes qu'on refuserait le bénéfice de la loi ; alors, qu'elles sont obligées, comme les propriétaires ordinaires, de choisir leurs capitaines dans une classe déterminée d'individus, capitaines ayant, en vertu de la loi, les mêmes pouvoirs que ceux des navires appartenant à de simples particuliers.

Droit étranger. — A cette première question : qui peut faire abandon ? les lois étrangères répondent généralement comme la nôtre : le propriétaire. Le Code de commerce du Chili diffère, cependant, de notre loi. Il admet que l'armateur du navire est seul responsable des actes du capitaine et capable de se libérer par l'abandon : peu importe qu'il soit ou non, en même temps, propriétaire ou copropriétaire du navire. Mais, au cas où l'armateur n'a pas cette dernière qualité, il doit, bien entendu, dédommager le propriétaire de la perte qu'il lui fait subir.

En général, aussi, les lois étrangères n'appliquent l'abandon qu'à la navigation maritime, et le refusent à la navigation fluviale. Comme en France, lors de la discussion de la loi du 12 août 1885, on avait proposé en Belgique, lors

14. D. 1862, 2, 175. — 1867, 1, 212. — A. 1869, 2, 93.

de la discussion de la loi du 21 août 1879, d'étendre à la marine fluviale les dispositions de l'art. 7 ; cette proposition fut repoussée.

Je ne connais que la Hollande qui, sur ce point, s'écarte de la tradition générale. L'art. 751, C. co., porte que les dispositions des articles 320 à 323, donc la faculté d'abandon, seront applicables aux navires et bateaux naviguant en rivière. Cette divergence s'explique aisément par des motifs propres au pays. La navigation fluviale a une importance et présente un caractère différent de celle des pays voisins. Il n'y a donc pas à tirer argument de la loi hollandaise contre le droit français et les raisons que j'ai données précédemment, pour ne pas appliquer la faculté d'abandon à la marine fluviale.

§ II. — *Le navire appartient à plusieurs propriétaires.*

Le navire appartient à plusieurs propriétaires. Il s'agit pour eux de savoir s'ils accepteront la responsabilité des actes du capitaine, s'ils feront face aux obligations contractées par lui, ou bien s'il y a lieu pour se libérer, de faire abandon.

Si tous sont d'accord, soit pour conserver, soit pour abandonner le navire, il n'y a pas de difficulté ; mais je suppose qu'il y a dissentiment. Faut-il dire que, du moment où il n'y a pas unanimité, le *statu quo* s'impose? par suite les copropriétaires ne pourront faire abandon, et ils devront rester tenus sur tous leurs biens. Il y aurait là une source de fraudes, faciles à prévoir et difficiles à prouver.

Tantôt, le quirataire indélicat forcerait ses copropriétaires à lui payer son consentement for' cher pour éviter une perte plus grande, tantôt, au contraire, il se laisserait séduire par les créanciers qui auraient intérêt à voir maintenir la responsabilité absolue des propriétaires du navire.

Faut-il dire, alors, que l'avis de la majorité en prenant ce mot dans le sens de l'art. 220, doit l'emporter? Je ne pense pas que cette opinion soit admissible. M. Dalloz admet l'affirmative dans le cas où la majorité se prononce pour l'abandon; mais, il enseigne que si, au contraire, elle se détermine dans le sens de la conservation du navire, les membres de la minorité ne sont pas tenus (15). Les partisans de ce système nous disent : l'avis de la majorité doit l'emporter, chaque fois qu'il s'agit de l'intérêt commun des propriétaires; par conséquent, si elle se décide pour l'abandon, son opinion doit prévaloir; dans le cas contraire, il y a un bénéfice qui semble difficile à enlever aux copropriétaires en présence de la généralité des termes de l'art. 216. Il semble que pour cette opinion, il y ait toujours intérêt à faire abandon; dès lors, il faudrait, par application de l'art. 220, autoriser la majorité à prendre cette décision. En admettant qu'il en fût ainsi, il y aurait là une application erronée de l'art. 220. En réalité, celui-ci n'a jamais autorisé la majorité à imposer un avis que dans le cas d'actes d'administration, concernant le navire tout entier et son exploitation, et non quand il s'agit d'actes pouvant être faits pour une part du bâtiment (16). Remarquons, encore,

15. Dalloz: *Répertoire*, v° *Droit maritime*, n° 217. — Alauzet: *Droit commercial*, t. IV, n° 1723.

qu'au cas de vente volontaire, l'avis de la majorité ne peut l'emporter; il faut l'unanimité. Or, par ses résultats, l'abandon tend à priver le quirataire de sa propriété, il semble donc juste de faire ici application de la même idée, et de dire que ses copropriétaires ne peuvent le dépouiller contre son gré.

Ainsi, après avoir repoussé l'opinion qui admet la nécessité d'une adhésion unanime à l'abandon de la part des copropriétaires, et celle qui veut que l'avis de la majorité s'impose aux autres quirataires, j'arrive à la solution adoptée par le plus grand nombre des auteurs, et qui dans la pratique ne rencontre plus de résistance (17). Chacun des copropriétaires peut, s'il le juge conforme à ses intérêts, faire abandon de sa part. C'est l'abandon partiel. Je remarque que rien dans la loi ne s'oppose à cette solution ; qu'au contraire l'art. 216 paraît l'avoir implicitement admise. Il dispose, ainsi qu'on le verra, que le capitaine copropriétaire ne peut faire abandon de sa part pour se libérer, et qu'il reste tenu proportionnellement à son intérêt ; c'est donc que les autres quirataires peuvent toujours faire abandon de leurs parts, l'abandon partiel est possible dans la pensée de la loi.

A ce système on fait l'objection suivante : le capitaine est le mandataire de tous les copropriétaires, qui sont ainsi solidairement engagés par ses actes ; dès lors, chacun d'eux,

16. Lyon-Caen et Renault, *Traité*, V. n°ˢ 222 et 284.

17. Lyon-Caen et Renault, *Traité*, V. n° 222. — Desjardins, *loc. cit.* II, n° 287. — De Valroger, *loc. cit.* I, n° 250. — Bédarride, *Commerce maritime*, I, n° 293. — Voyez pour la jurisprudence, N. 62, 1, 285 et 1889, 1. 199.

étant tenu solidairement de toute la dette, ne pourrait se
libérer que par l'abandon total du navire. L'art. 200 répond-
on déclare les commandants tenus solidairement ; mais c'est
uniquement dans leurs rapports vis-à-vis des mandataires
et non des tiers. La solidarité doit, de plus, résulter d'un
texte ou d'une convention, éléments qu'on ne rencontre pas
ici ; car chacun n'a entendu donner mandat que dans la mesure de sa part, et l'art. 216 (§ 3, *in fine*) prouve bien que
la dette est essentiellement divisible (18).

Je crois que cette réponse repose sur une erreur et qu'il
y a bien solidarité. Valin disait déjà que, si le navire appartenait à plusieurs, tous étaient tenus solidairement des faits
du maître. Emérigon et Pothier partageaient cet avis ; aujourd'hui, la solidarité est en général admise. Mais, s'il y a
solidarité, ce n'est pas par le fait du mandat ; selon les uns,
c'est parce qu'il y a dette de société, par conséquent dette
solidaire ; selon les autres, parce qu'on se trouve en présence d'une dette commerciale, et qu'en matière de dette
commerciale la solidarité se présume (20). Seulement, pour
qu'il y ait solidarité, il faut qu'il y ait dette ; or, au moment
de l'abandon, la dette disparaît et, par suite, la solidarité.
Emérigon disait : « L'action solidaire ne compète contre
les propriétaires que jusqu'à concurrence de l'intérêt qu'ils
ont dans le navire ». M. Desjardins exprime la même idée:
« Quand la dette est purement personnelle, elle est assurément dette sociale, et, nous l'avons dit, solidaire ; mais,

18. Autran, *thèse*, Bordeaux, 1874, p. 412.
19. Valin, *loc. cit.* I, p. 169.
20. Lyon-Caen et Renault, *Précis de droit commercial.* — De Valroger, I, n° 130. — D. 1877, 1, 202.

par l'abandon, la dette devient plus réelle que personnelle. Chaque associé s'acquitte alors, quelle que fût auparavant l'étendue de sa dette, en abdiquant tout son droit sur le meuble affecté » (21).

J'ai dit, plus haut, qu'on pouvait s'appuyer sur l'art. 220, pour repousser l'opinion qui admet que la majorité pourrait imposer son avis à la minorité ; ici encore, mais contre l'opinion que je soutiens, on invoque l'art. 220. On dit : l'art. 220, § 3 permet la licitation du navire à la demande de la majorité ; or, en permettant l'abandon, qui aboutira à une vente du navire, au copropriétaire, on arrivera à faire procéder à la licitation du bâtiment contre l'avis de la majorité, c'est-à-dire à écarter la disposition de l'art. 220. Cette fraude ne me paraît pas à craindre ; car, il faut un ordre de circonstances spéciales pour que l'art. 216 trouve son application. L'art. 216 permet, d'ailleurs, l'abandon pour tout propriétaire et n'introduit aucune restriction.

Il faut noter que l'abandon partiel répond aux besoins de la pratique. Il paraîtrait étrange que la loi permît à un propriétaire de se libérer en abandonnant son navire, et qu'elle le refusât à un copropriétaire moins fortuné, qui n'a qu'une part dans le bâtiment, quand l'abandon a justement pour but de rassurer les capitaux qui s'adonnent au commerce maritime. On laisserait sans protection les capitaux moyens, qui ont le plus besoin d'être rassurés, étant les plus timides, et qui précisément méritent le plus de bienveillance.

Quant aux autres propriétaires qui auraient opté pour la

21. Desjardins, *loc. cit.*, II, n° 287.

conservation du navire, ils resteront tenus en proportion de leurs intérêts dans le navire.

Droit étranger. — L'abandon partiel, qui a triomphé chez nous dans la pratique, a été expressément consacré par plusieurs législations étrangères. Chaque copropriétaire est affranchi de sa responsabilité par l'abandon de sa part, nous dit le Code argentin (art. 880, § 3). Le Code du Chili (art. 883) décide que la majorité des copropriétaires peut faire l'abandon aux créanciers du navire; mais, si elle préfère le conserver et payer les dettes, la minorité n'est pas tenue de se soumettre à cette résolution et peut abandonner ses parts d'intérêt. Il en est de même dans le Code néerlandais (art. 321, § 4) où chaque propriétaire se libère de sa responsabilité par l'abandon de sa part. En Italie, Borsari, dans son commentaire de l'art. 311 (ancien Code), regardait la faculté d'abandon partiel comme au-dessus de toute controverse; son opinion a été consacrée, en termes exprès, par le Code de 1883, art. 491 ; « tout copropriétaire, qui n'a pas contracté une obligation personnelle, peut, dans tous les cas, se libérer de la responsabilité des obligations précitées par le délaissement du navire et du fret. »

En Belgique, au contraire, la loi de 1879 a gardé le silence sur la possibilité d'un abandon partiel par un des copropriétaires, mais la solution affirmative n'y fait aucun doute. Lors de la loi de 1855, on avait proposé des modifications dans le sens du Code néerlandais, pour introduire l'abandon partiel. Cette proposition fut repoussée ; un des membres du gouvernement, après avis de la chambre de commerce d'Anvers, fit observer que « les mots : tout propriétaire, » qui commencent l'art. 216 impliquaient évidemment aussi le copropriétaire.

Notons encore, que dans les pays comme l'Allemagne, la Suède, où l'abandon n'est pas connu, mais où on limite, à la valeur du navire et du fret, la responsabilité, le résultat est le même que dans la législation française et celle des pays précités. N'étant tenus que, jusqu'à la valeur de leur part dans le navire, les copropriétaires sont protégés ainsi efficacement.

§ III. — *Le capitaine du navire en est le propriétaire ou le copropriétaire.*

Cette situation a été spécialement prévue par la loi de 1841. L'art. 216, § 3, modifié par elle, est ainsi conçue : « Toutefois, la faculté de faire abandon n'est point accordée à celui qui est en même temps capitaine et propriétaire ou copropriétaire du navire. » Le capitaine est donc alors indéfiniment tenu des engagements contractés par lui. S'il n'est que copropriétaire, il n'en sera tenu « que dans la proportion de son intérêt. » Le 3ᵉ alinéa (art. 216) ne vise que les engagements contractés par le capitaine (22) ; pour ceux résultant de faits délictuels ou quasi-délictuels commis par lui, le capitaine est indéfiniment tenu, la responsabilité pesant sur lui en qualité d'auteur.

On a attaqué la décision de l'art. 216. On fait valoir que la loi proclame la séparation entre la fortune de terre et celle de mer ; que les créanciers ont surtout en vue le na-

22. Lyon-Caen, Renault. *Traité*, V. nᵒ 207.

vire. Il y a, dit-on, dans cette exception à l'égard du capitaine, non seulement une sévérité injustifiée, mais encore
un danger pour la navigation. Des avaries sont causées à
un navire ; quel serait alors le devoir du capitaine? de procéder aux réparations si le navire n'est pas innavigable. Il
devra donc : ou vendre les marchandises ou emprunter sur
son navire. C'est cet emprunt qui va, peut-être, devenir la
cause de sa ruine ; car il pourra être poursuivi sur sa fortune de terre, sur le fruit de ses économies. Sa situation
est, peut-être, plus triste encore, si nous le supposons simplement copropriétaire ; en effet, les autres quirataires pourront s'affranchir par l'abandon de l'emprunt contracté, tandis que lui, capitaine, verra sa fortune compromise. Or, les
chargeurs ont intérêt à le voir, dans certains cas, ne pas
hésiter à s'engager. « Le capitaine, étant placé entre son devoir et son intérêt, sera, peut-être, tenté de compromettre
complètement son navire pour le rendre innavigable, auquel cas s'il a eu soin de l'assurer, il pourra aisément se
mettre à l'abri par le délaissement, voir même se libérer
des emprunts à la grosse » (23).

On répond à cela, que l'intérêt des chargeurs n'est nullement menacé ; car, même après l'innavigabilité constatée, le
capitaine demeure le mandataire des chargeurs, et l'art.
391 lui fait une obligation d'assurer la continuation du
voyage. Les chargeurs, étant actuellement tous assurés,
sont garantis des suites de ce transbordement. L'assurance
couvre les frais faits, en outre des avaries, jusqu'à concurrence de la somme assurée.

23. **De Courcy.** *Questions de droit maritime.* 2ᵉ série, p. 115 et suiv.

On fait observer, en outre, que le principe, même, de l'art. 216 s'oppose à la libération du capitaine, propriétaire ou copropriétaire. On verra, en effet, que parmi les arguments qu'on fait valoir en faveur du principe de l'art. 216, se trouvent ceux-ci : le mandataire est loin et ne peut être surveillé par le propriétaire, son mandant, ce dernier est obligé de choisir son capitaine dans une catégorie spéciale d'individus. Or, celui qui, réunissant les deux qualités, est, en même temps, capitaine et propriétaire, ne peut prétendre au bénéfice d'une disposition qui a en vue le cas où ces deux qualités ne se trouvent pas réunies dans le même individu. Le propriétaire, qui a traité lui-même, serait personnellement tenu ; celui qui a ratifié les engagements pris par le capitaine, quelquefois sur de faux renseignements, ne pourrait échapper, par l'abandon, aux conséquences de sa ratification ; le capitaine ne peut avoir une situation plus avantageuse, et, quel que soit l'intérêt qu'on puisse lui porter, il faut reconnaître que décider autrement serait contraire au principe même de l'art. 216. Tant que le propriétaire sera tenu personnellement, tant qu'on ne considèrera pas le navire comme le véritable débiteur, et que, par suite, on ne limitera pas les obligations à sa valeur, il faut dire que l'alinéa 3 de l'art. 216 est conforme à l'esprit qui a inspiré l'art. 216.

La commission de 1865, frappée de la situation faite au capitaine dans le cas qui nous occupe, et des dangers de fraude qu'elle pouvait créer, avait proposé de rédiger ainsi l'alinéa 3 : « Toutefois la faculté d'abandon n'est accordée, ni au propriétaire, ni à celui qui est en même temps capi-

taine et propriétaire ou copropriétaire, s'ils se sont personnellement engagés. »

Il y avait ainsi unité de principe dans le nouvel article.
Mais la commission paraissait s'appuyer sur cette idée ; que
c'est le navire qui doit être débiteur, qui est engagé, et qu'à
moins d'une déclaration formelle de son propriétaire, il
doit être seul tenu. On s'explique alors que le propriétaire
et le capitaine propriétaire soient sur le même pied ; on ne
le comprend pas, étant donné l'idée qui a inspiré la rédaction de l'art. 216. Il serait bien difficile, objectera-t-on,
d'imaginer que le capitaine propriétaire ne s'engage pas
personnellement, et de distinguer, dans le même individu,
les deux qualités de capitaine et de propriétaire. L'objection
ne me semble pas irréfutable. On peut aisément concevoir
que le capitaine n'a voulu engager que son bâtiment. Ce
serait aux tiers à prendre leurs précautions, et à bien
faire spécifier, par le capitaine, qu'ils l'ont pour créancier
personnel.

La solution ainsi donnée pour le capitaine propriétaire ou
copropriétaire doit-elle être étendue à quiconque se trouve
appelé à commander, en fait, un navire de mer, du moment
se trouve dans les conditions de l'alinéa 3, art. 216 ? Le second
où il pourra-t-il se libérer par l'abandon de sa part du navire et
du fret, de la portion qui lui incombe dans les engagements ?
S'il a contracté lui-même, en tant que substitué au capitaine, le doute n'est pas possible, il faut certainement
dire que l'art. 216, § 3, lui est applicable ; mais, en cas ou
l'engagement aurait été contracté par le capitaine, je
crois qu'il ne serait tenu des engagements du capitaine
que de la même manière que tout autre propriétaire,

n'ayant aucun droit, ni aucun moyen de contrôler ou de s'opposer aux mesures du capitaine en premier (24).

Le capitaine propriétaire ou copropriétaire peut enfin avoir affrété son navire : on aura rédigé la charte-partie avec l'indication de sa double qualité, et postérieurement il se substitue un autre capitaine. Prétendant que le navire a été commandé par un autre que par lui-même, il vient soutenir qu'il a le droit de faire abandon. Le pourra-t-il ? On a soutenu que non ; même au cas où les affréteurs auraient connu la substitution, et qu'elle aurait eu lieu de bonne foi. La situation juridique des parties ne continue pas moins à être réglée par le contrat d'affrétement, qui continue à produire ses effets légaux. Les affréteurs devaient compter sur un capitaine propriétaire indéfiniment responsable, et ils voient leur confiance trompée. Le capitaine ne peut lui-même modifier ainsi le contrat auquel il avait consenti (25). Je crois que cette solution est inexacte. M. Boistel (26) fait observer que l'armateur aurait le droit de révoquer le capitaine (art. 218, C. co.), droit auquel l'art. 273, C. co. ne porte pas atteinte ; dès lors, pourquoi ne pourrait-on pas dire que le capitaine propriétaire s'est congédié lui-même. Ayant ce droit, malgré la charte-partie, dans le premier cas, il semble évident que le propriétaire doit l'avoir dans le second. Si les affréteurs voulaient éviter le danger pour eux d'un changement de capitaine, ils n'avaient qu'à exiger expressément que le congédiement ne pourrait avoir lieu sans leur assentiment, convention qui me semble

24. Bedarride, *loc cit.* n° 299 ; Jacobs, *Droit maritime belge*, I, n° 80.
25. Aix, 7 juin 1858, II. 59, 1, 103.
26. Boistel, *Cours de Droit commercial*, n° 1231, § 1.

absolument valable (27). M. Desjardins (28) se rallie à cette opinion dans ces termes : « Peut-on lui dire (au capitaine propriétaire): puisque vous avez un instant cumulé les qualités de capitaine et de propriétaire, vous serez réputé les cumuler jusqu'au bout, même quand vous auriez expressément abdiqué la première pour ne garder que la seconde? je ne le pense pas. » M. Caumont (29) distingue le cas où il y a eu rupture volontaire du voyage de la part du capitaine propriétaire, qui se démet sans motif, de celui où il y a force majeure, cas fortuit. Dans le premier, il refuse l'abandon ; au contraire, dans l'autre, il lui paraît incontestable qu'il puisse se libérer ainsi. Dans un cas particulier, la loi de 1885 a admis que le capitaine propriétaire pouvait se libérer ; j'examinerai cette exception plus tard.

Droit étranger. — Quelle est la situation faite par les lois étrangères au capitaine propriétaire ou copropriétaire ? Les Codes d'Italie (art. 492), du Brésil, de la République Argentine (art. 881), du Chili (art. 882) ; l'art. 7 de la loi belge du 21 août 1879 lui refusent, comme l'art. 216, le droit de se libérer par l'abandon. Ils admettent également, en général, qu'il n'est tenu de ses engagements que dans la proportion de son intérêt. Le système de certaines lois présente cependant des différences avec la nôtre. Ainsi, en Finlande, le droit d'abandon appartient au capitaine propriétaire, dit l'art. 17, § 3 : « à moins que les engagements contractés ne résultent de sa propre faute. » Au Chili, il n'est tenu que

27. Lyon-Caen et Renault, admettent la validité d'une telle convention. Voyez : *Précis de Droit commercial*, II, n° 1838.
28. Desjardins, *loc. cit.* II, n° 301.
29. Caumont, *loc. cit.* p. 25, § 16.

A.   8 jusqu'à concurrence de son intérêt, dans le navire, et non sur ses propres biens. Cette décision ne me paraîtrait logique, que dans un système législatif, limitant la responsabilité du propriétaire à la valeur du navire et du fret.

§ IV. — *Des chargeurs et des assureurs.*

A la lecture de l'art. 216, il semblerait que le propriétaire peut seul faire abandon, et que cette faveur ne saurait être étendue à d'autres personnes. Cependant, la doctrine et la jurisprudence (30) font profiter de la faculté d'abandon, les chargeurs et les assureurs après le délaissement. Je vais examiner si vraiment cette faculté peut leur être étendue.

Chargeurs. — Demandons-nous d'abord, comment les chargeurs peuvent être amenés à invoquer l'art. 216, § 2 ; dans quelles circonstances et par suite de quels faits ils se trouvent obligés par les actes du capitaine, et, par suite, conduits à revendiquer la protection à laquelle aurait recours le propriétaire du navire.

En vertu d'un mandat tacite, le capitaine est chargé par la loi (art. 296) de conduire les marchandises au port de destination ; et, en cas de sinistre, de pourvoir au sauvetage. Pour remplir sa mission il fait des dépenses, et contracte des engagements. Ainsi je suppose, pour préciser davantage, que pour couvrir les frais faits pour parvenir au sauvetage des marchandises, que pour les besoins urgents du navire ou du chargement il a emprunté ; il a donc été, ainsi, amené à contracter des engagements pour son mandant. Dans

30. D. 1884. 1. 449 ; S. 1. 1885. 39.

tous ces cas, il n'est pas douteux que le capitaine aura recours contre le chargeur, mais jusqu'où s'étendra son action. Faudra-t-il dire que le chargeur est tenu au delà des marchandises confiées, sur tous ses biens ou bien qu'il peut se libérer en faisant abandon? Je ne le pense pas. Je considère, que le capitaine est le mandataire du chargeur, écartant l'opinion contraire, sans avoir à discuter ce point qui ne rentre pas dans mon sujet. Si on ne le considérait pas comme mandataire, il est évident qu'en pareil cas la question que j'examine ne se poserait pas.

La jurisprudence et un grand nombre d'auteurs admettent que les chargeurs peuvent se libérer par l'abandon.

En faveur de cette opinion, ils invoquent la tradition, l'équité. Je vais examiner successivement leurs arguments et les objections qu'on peut leur adresser.

L'Ordonnance de 1681 était muette, comme notre loi actuelle, sur la restriction à accorder aux chargeurs, pour la responsabilité encourue par eux, à raison des obligations contractées dans leur intérêt par le capitaine, leur mandataire. Néanmoins, dit-on, Emérigon n'hésitait pas à se prononcer, et le chargeur avait pour lui les mêmes droits que le propriétaire à voir resteindre ses obligations (31).

Il arrivait souvent, autrefois, qu'à côté du capitaine, chargé du navire, on plaçait un préposé, chargé de la cargaison : c'était le subrécargue. Mais, souvent aussi, c'était le même individu qui réunissait sur sa tête ces deux qualités. Emérigon le nomme : le capitaine géreur de la cargaison. C'est en se plaçant dans ce dernier cas, qu'il nous dit : « Il suit de ces principes, que, si les armateurs refusent de remplir les

31. Emérigon. *Contrats à la grosse*, ch. 4, section XI, § 3.

engagements contractés par leur capitaine géreur, ils doivent abandonner le navire et la cargaison tant d'entrée que de sortie, ou du moins en tenir compte ; car, la formalité du délaissement n'ayant pas été prescrite à ce sujet, elle n'est pas de rigueur. » Emérigon émettait, en étendant ainsi le sens de l'art. 2, liv. II, t. VII, une opinion personnelle, il y avait là, une extension de l'ordonnance, comme il le reconnaissait lui-même, semble-t-il, à la fin du passage que je viens de citer. Rien ne prouve qu'il nous rapporte une opinion admise couramment. Je fais observer, en outre, qu'Emerigon a en vue, spécialement, le cas où le capitaine est géreur pour l'armateur, ne visant pas celui où le chargeur est indépendant du propriétaire, ce qui, aujourd'hui, est presque la règle et qui, à son époque, était beaucoup plus rare ; que, dès lors, tout en reconnaissant que c'est à bon droit qu'on se reporte à son opinion, en principe, puisque l'art. 216 est la reproduction de l'art. 2. Liv. II, T. VII de l'Ordonnance de 1681, il y a lieu de remarquer que son avis, qui pourrait avoir grand poids, quand on se trouve en présence d'un propriétaire ayant chargé des marchandises sur son navire, n'en a plus au cas où nous nous trouvons en présence de simples chargeurs. Or, quand le capitaine agit comme gérant de la cargaison pour le propriétaire armateur, il est tenu aujourd'hui dans les termes du droit commun, l'art. 216 § 2 n'étant pas applicable; ne doit-il pas, à plus forte raison, en être de même pour le cas qui nous occupe (32).

En ce qui concerne les textes, on fait remarquer que le

32. Desjardins, *loc. cit.* II, n° 283.

capitaine agit en qualité de mandataire des chargeurs, comme
pour le propriétaire. Or, l'art. 216 permet à ce dernier de
limiter sa responsabilité au navire et au fret ; on ne voit
pas vraiment pourquoi le chargeur n'aurait pas la même faculté de se libérer par l'exercice de la faculté d'abandon,
d'autant que le chargeur, dit-on encore, est un négociant,
un commerçant qui s'adresse à un homme dont il n'a pas
la direction et le choix, qu'il n'est pas toujours libre de
choisir le navire, lié qu'il est souvent par la nécessité de
contrats à exécuter, au lieu de destination. Ce négociant
n'a jamais eu l'intention de s'engager au delà de la valeur
des marchandises. Lui imposer d'autres charges, c'est jeter
le trouble dans la pratique commerciale, enlever toute sé-
curité.

Je ne méconnais pas l'équité de ces arguments que l'on
fait valoir en faveur de la solution que je repousse : j'en
reconnais toute la portée ; mais si j'admets qu'ils peuvent
avoir un grand poids au point de vue législatif, ils ne me
texte aussi pas suffisants pour nous permettre d'étendre un
paraissent exceptionnel que l'est l'art. 216, § 2.

C'est, à ce premier argument, une réponse qui me paraît
décisive. En effet, l'art. 2092 C, civ. déclare que celui qui
s'oblige est tenu sur tous ses biens : le mandataire oblige
son mandant, comme si ce dernier avait agi lui-même. Il a
donc fallu, pour que le propriétaire pût s'exonérer de la
responsabilité des actes de son représentant, un texte formel. C'est ce texte, l'article 216, qu'il faudrait étendre ici,
sous prétexte d'analogie, et c'est ce qui est inadmissible.
Rappelons qu'avant la réforme de 1841, on n'avait pas osé
étendre l'art. 216 aux engagements du capitaine, à cause

de son caractère exceptionnel, malgré les arguments tirés de la tradition, des usages et des besoins du commerce qu'on faisait valoir en ce sens, et qu'il a fallu une loi pour donner à cet article sa portée générale. « Car, proclamait la Cour de cassation (33), les exceptions sont de droit étroit, et les tribunaux ne peuvent jamais, à l'aide d'inductions et de raisonnements plus ou moins spécieux, étendre une exception faite par la loi au-delà des cas qu'elle a littéralement prévus. »

On fait encore observer qu'il serait dangereux, pour le chargeur lui-même, d'appliquer l'art. 216 dans ses rapports avec le capitaine : ne cherchera-t-on pas à soutenir que s'il est applicable, le chargeur doit être considéré comme responsable, vis-à-vis les tiers, de toutes les fautes que le capitaine aurait pu commettre dans l'accomplissement du mandat qu'il tient de lui.

Enfin, je trouve un argument en faveur de l'opinion qui n'admet pas les chargeurs à se libérer par l'abandon, dans les travaux préparatoires de la loi du 12 août 1885. La commission de la Chambre proposait d'étendre aux chargeurs la faveur concédée par la nouvelle loi au propriétaire. Elle voyait une contradiction à accorder une responsabilité limitée ou illimitée selon que, dans les mêmes circonstances, l'épave appartenait au propriétaire du navire ou au chargeur. Ce texte était ainsi conçu : « Le propriétaire du navire ou de la cargaison, etc., se libère par l'abandon de l'épave et du fret. » Le Sénat repoussa cette rédaction qui a définitivement disparu. L'introduction de cette disposi-

(33) S. 1827, 1 393.

tion eût créé, dit-on, devant lui une antinomie avec les deux premiers alinéas, où il n'est pas question du chargeur ; il aurait fallu modifier l'article tout entier ; car il n'y avait pas de raisons d'introduire cette modification dans un cas unique. Il paraît bien résulter de ce qui précède, que l'art. 216, § 2, ne peut s'appliquer aux chargeurs. Il me semble absolument évident qu'on doit le laisser de côté. Je me rallie à l'opinion de M. de Courcy. Combattant avec sa vivacité habituelle l'idée de mandat, dans les rapports du capitaine avec les chargeurs, et s'élevant contre l'idée que ceux-ci seraient tenus au-delà de la valeur des marchandises, il dit : « L'abandon libératoire est, en effet, une faculté exceptionnelle, exorbitante de droit commun, qui ne saurait être étendue au-delà des cas expressément prévus par la loi, et qui a des caractères propres » (34). Si le recours du capitaine peut être limité à la valeur des marchandises, c'est en vertu de principes autres que celui de l'art. 216 (35). Il est bien évident, d'ailleurs, que, dans tout ce qui précède, il s'agit de dettes contractées par le capitaine en cette qualité seule. On ne vise pas le cas où il aurait accompli des actes de gestion, en vertu d'un mandat spécial ; alors il engagerait le chargeur comme un mandant de droit commun.

Il peut arriver également que le chargeur n'ait pas en face de lui le capitaine, mais un tiers créancier vis-à-vis duquel celui-ci l'a engagé. La solution sera la même, que celle que je viens de donner, bien qu'il faille reconnaître que les circonstances présentent plus d'analogie avec celles qui don-

(34) De Courcy, *Revue critique*, t. 14, p. 311.
(35) Aix, 28 mars 1881. *Journal du Palais*, 1885, 39 ; Laurin, *Annales de droit commercial*, 1887, p. 6 et suiv.

nent lieu à l'art 216. Il en serait de même du réceptionnaire, s'il avait consenti à recevoir les marchandises.

Assureurs. — L'assurance ne donne droit au sinistréqu'à réclamer une indemnité ; il ne peut prétendre à la totalité du montant de l'assurance, qu'autant que la perte est totale. En matière d'assurance maritime, le Code de commerce déroge à cette règle générale : les art. 369 et 375 énumèrent sept cas où sans que la perte soit totale, l'assuré peut réclamer le montant de l'indemnité, en abandonnant ce qui peut rester du navire assuré. C'est le délaissement. Les polices françaises d'assurance sur corps, corrigeant l'œuvre du législateur de 1807, ont, dans un système plus rationnel, établi trois cas de délaissement.

Le délaissement a pour effet de transmettre la propriété à l'assureur qui l'acquiert dans l'état où elle se trouve, au moment où l'assuré use de son droit. L'assureur est subrogé aux droits de l'assuré ; dès lors il pourra se libérer en faisant abandon. Il y a là une application parfaitement conforme à la lettre et à l'esprit de l'art. 216.

CHAPITRE III

La faculté d'abandon existe pour le propriétaire toutes les fois qu'il s'agit, pour lui, de se libérer des obligations résultant des actes accomplis par le capitaine, dans l'intérêt du navire et de l'expédition, et par actes, j'entends aussi bien les engagements que les faits illicites. Je n'ai pas à étudier ici la responsabilité des propriétaires de navire, mais, pour marquer l'étendue du droit que lui confère l'article 216, § 2, j'indiquerai un certain nombre d'exemples, pris parmi les cas où il a été reconnu que le propriétaire était engagé par le capitaine ; par suite, où il y a lieu à l'autoriser à se libérer en faisant abandon.

Je fais observer qu'il faut que le propriétaire n'ait pas participé soit aux fautes, soit aux engagements contractés par le capitaine ; en pareil cas, les raisons qui lui ont fait accorder la faculté d'abandon n'existent plus, et il serait exorbitant de lui permettre de s'exonérer.

Il faut enfin que le capitaine ait agi en vertu du mandat général que la loi lui confère pour l'accomplissement de sa mission. S'il avait agi en vertu d'un mandat spécial du propriétaire, il l'obligerait, comme tout mandataire son mandant (1).

1. Bedarrides, n° 285; Desjardins, n° 283 ; Lyon-Caen et Renault. *Précis*, n° 1863.

§ I. — *Faits et engagements du capitaine*

Le capitaine, au cours du voyage, contracte un emprunt à la grosse pour réparer le navire, pour acheter des vivres (2). Le capitaine sera tenu et pourra se libérer en faisant abandon. Il en sera de même encore, quand des marchandises ayant été vendues en cours de route, dans l'intérêt de l'expédition, le propriétaire se verra poursuivi par le chargeur. Sur ce point, l'art. 298, § 3, énonce formellement que le propriétaire pourra exercer la faculté que lui confère l'art. 216, §·2. J'ai parlé plus haut de l'emprunt à la grosse : il est également admis par les auteurs et la jurisprudence, que le capitaine peut contracter des emprunts ordinaires. Si le propriétaire est actionné par le prêteur ou un tiers porteur, il devra acquitter l'emprunt pourvu que le bénéficiaire, dit la jurisprudence, prouve que l'emprunt a tourné au profit du navire ou de l'expédition (3) ; pour d'autres, la simple bonne foi suffirait. Dans tous les cas le propriétaire pourra encore, dans cette circonstance, se libérer par l'abandon. Il a été également jugé, et c'est le dernier exemple que je citerai, que si un tiers se porte caution du capitaine pour dégager le navire d'une saisie, provenant d'un fait imputable au capitaine, le propriétaire pourra se libérer de l'obligation qui pèse sur lui, en vertu de ce contrat de cautionnement (4).

Le capitaine, remarquons-le, étant revêtu d'un mandat

2. S. 1857, 1, 188.
3. Marseille, 3 mai 1875. M. 1875, 1, 160.
4. D. 1872, 1, 179.

légal de faire, hors du lieu où demeúre le propriétaire,
tout ce qui est nécessaire au navire et à l'expédition, celui-
ci ne pourrait se libérer, que par l'abandon, des engagements
cohtractés par le capitaine, contrairement à ses instructions,
pourvu que les tiers contractants soient de bonne foi (5).

Pour les faits du capitaine, je citerai, comme exemples,
le cas où le capitaine, se livrant à son bord à des actes de
violénce contre un homme de l'équipage, lui aurait fait des
blessures (6) ; celui de blessures reçues en service, par un
marin à la suite d'une imprudence du capitaine (7) : dans
tous ces cas, le propriétaire peut s'exonérer par l'abandon.
Il en serait également de même s'il était responsable d'avaries causées à un autre navire ou à la marchandise, par suite
d'une faute commise par son capitaine.

On s'est demandé, s'il ne fallait pas étendre aux engagements et aux faits accomplis par des personnes autres que
le capitaine, la libération qui a été accordée, pour ceux dont
il est l'auteur. Il faut répondre d'une façon générale que la
faculté d'abandon, accordée au propriétaire, étant une
mesure d'exception, ne peut être étendue à d'autres
actes qu'à ceux du capitaine, pour servir à l'affranchir de la
responsabilité résultant d'un préposé autre que celui-ci. Il
serait tenu alors, en vertu des règles du droit commun, *in
infinitum*, sauf, bien entendu, si le mandataire dépassait les
limites de son mandat dans ses agissements. C'est là le principe ; mais on assimile, au capitaine, différentes personnes.
On verra pour chacune d'elles qu'il n'y a pas, à vrai dire,

5. Anvers, 1859, A, 1859. 1. 91.
6. Rouen, 27 avril, 1874, H.
7. D. 1876. 2. 132.

une dérogation à l'art. 216, à l'idée qui a inspiré ce texte. En effet, que ce soit le capitaine substitué, le consul dans certains cas, c'est toujours dans l'esprit de cet article, qui a voulu que, chaque fois qu'en vertu du mandat qui appartient à celui qui représente le propriétaire, un préposé ait agi, il ne put l'engager indéfiniment. La loi n'a indiqué le capitaine que parce qu'en fait, dans la presque unanimité des cas, c'est lui qui sera l'auteur, soit des engagements, soit des faits illicites.

§ II. — *Faits et engagements du capitaine substitué ou du consul.*

Occupons-nous du capitaine substitué. Au cours du voyage, par suite de maladies, décès ou évènements de mer, le second, par exemple, ou tout autre officier remplace le capitaine ; le propriétaire est tenu comme il l'était du temps du capitaine, même s'il y a eu défense de sa part à ce dernier de se substituer, sans autorisation, un autre officier, même si cette substitution a eu lieu sans nécessité. Il y aurait, en effet, un danger pour les tiers. Ils doivent considérer comme capitaine, celui qu'ils voient commander le navire, les conventions entre le capitaine et son propriétaire ne pouvant influer sur les droits des tiers, à la condition, bien entendu, que ceux-ci soient de bonne foi et qu'ils aient ignoré le vice dont était affecté le pouvoir du nouveau capitaine (8).

Il en serait également ainsi, alors même que le nouveau

8. Emérigon, t. II, p. 448; Valroger, n° 223; H. 1872. 1. 83.

capitaine aurait été institué non par l'ancien, mais par l'autorité consulaire (9).

La faculté d'abandon appartiendra au propriétaire dans tous ces cas (10). Il y aurait quelque chose d'extraordinaire à voir le propriétaire tenu indéfiniment d'obligations, dont il ne pourrait se libérer, alors que son mandataire n'a acquis ce titre à son égard qu'indirectement, quand il aurait pu se dégager des obligations contractées par son mandataire, s'il l'avait choisi lui-même.

Il en sera de même des actes accomplis par le consul quand il aura agi au lieu et place du capitaine. C'est ainsi qu'il a été jugé que le consul, ayant fait vendre des marchandises pour les besoins du navire, les propriétaires avaient pu se libérer, vis-à-vis des chargeurs, par l'abandon. Le consul a été considéré, comme ayant agi au lieu et place du capitaine (11).

Ces diverses solutions sont conformes à l'esprit qui a inspiré l'art. 216 § 2 : le législateur a voulu protéger le propriétaire contre les dangers que pouvait lui faire courir un mandataire ayant des pouvoirs très étendus et trop éloigné pour qu'une surveillance efficace soit possible. Le danger étant le même, dans les différents cas que je viens d'examiner, il est juste que le propriétaire rencontre la même protection.

Droit étranger. —La plupart des législations n'ont pas expressément traité cette question du capitaine substitué : elles ont laissé à la jurisprudence le soin de résoudre les

9. H. 1863. 2. 29.
10. M. 1871. 2. 107.
11. Nantes, 30 novembre 1870. M. 1871.2.107.

difficultés que pouvait faire naître la substitution du capitaine. L'art. 879 du Code argentin déclare le propriétaire responsable des obligations contractées ou des faits illicites, même si la subtitution avait eu lieu à son insu, et que son capitaine n'eût pas eu le pouvoir d'agir ainsi. Le Code du Chili est conforme à ces dispositions. Mais la faculté d'abandon s'applique alors, et permet au propriétaire d'adoucir la rigueur de la solution imposée par la loi.

§ III. — *Fautes des gens de l'équipage.*

En ce qui concerne les gens de l'équipage, le propriétaire n'est pas tenu des engagements contractés par eux. Pour les fautes, il n'en est pas de même. S'ils ont été choisis par le capitaine, c'est en vertu d'une sorte de délégation de pouvoirs, de la part du propriétaire, et les négligences de son capitaine remontent jusqu'à celui-ci (12). Valin enseignait déjà que, dans ces mots de l'art. 2 « les faits du maistre », il fallait comprendre les délits commis par l'équipage. La responsabilité est certaine ; dans ce cas faut-il permettre au propriétaire de se libérer par la faculté d'abandon?

On a soutenu la négative ; l'art. 216 autorise bien à s'affranchir des fautes du capitaine, mais il est muet en ce qui concerne celles des gens de l'équipage. Or l'article est une disposition exceptionnelle qu'on ne saurait étendre aux cas qu'il ne vise pas spécialement : pour ceux là, on rentre dans le droit commun ; dès lors, le propriétaire, étant responsable des fautes de l'équipage, est tenu sur tous ses biens (13).

12. Lyon-Caen et Renault, *Précis*, II, n° 1634.
13. *I*. 1873, 2.54.

Je crois que cette théorie fort sévère, n'est pas juridique,
qu'elle commet une erreur.

Dans le cas où l'équipage a été formé par les soins et le
choix du capitaine, il est plus juridique de voir alors, dans
la faute du marin, une faute résultant du mauvais choix qui
en a été fait. Enfin et surtout, le marin étant sous la surveillance et le commandement du capitaine, il y aura généralement responsabilité de ce dernier encourue à raison des
actes de ce marin (14).

Doit-on aller plus loin, et dire que, même au cas où c'est
le propriétaire qui a choisi son équipage ou si celui-ci a été
formé au lieu de sa demeure, on ne doit pas lui refuser le
droit de se libérer par l'abandon ? On s'est élevé avec force
contre l'opinion contraire, en faisant remarquer qu'il serait
étrange que la loi, qui n'a pas voulu que le propriétaire pût
être ruiné par le capitaine, eût reconnu ce pouvoir à un
matelot ou à un simple mousse. Je crois qu'il ne faut pas
étendre la faveur de l'art. 216 à cette seconde hypothèse.
Dans la première on peut faire découler la responsabilité du
propriétaire de celle du capitaine ; dans la seconde, je ne
vois dans le matelot qu'un préposé ordinaire, choisi par le
propriétaire ; et, dès lors, j'applique les règles qui concernent les préposés, en droit commun, l'art. 216 ne parlant
que du capitaine. Je remarque, qu'en fait, cette solution est
moins sévère qu'elle ne paraît être tout d'abord. Le plus
souvent, le propriétaire sera responsable, non à raison de la
faute d'un homme de l'équipage, mais par suite de celle du
capitaine. En effet, ou les délits ou quasi-délits auront eu

14. Bédarrides, n° 287. — Lyon-Caen et Renault, *Précis*, n° 1662 ;
M. 1833, 1. 48. —*Journal du Palais*, 1864, p. 726.

lieu en dehors de l'exercice des fonctions du marin, et le propriétaire ne sera pas responsable; ou, au contraire, c'est en service que le marin se sera rendu coupable des faits qui lui sont reprochés, et en pareil cas, le capitaine sera, généralement, responsable pour ne l'avoir pas surveillé ou dirigé. L'obligation qui pèsera sur le propriétaire proviendra non du fait de l'homme de l'équipage, mais de celui du capitaine. Le propriétaire pourra, alors, se libérer en faisant abandon du navire et du fret.

Droit étranger. — La responsabilité résultant des faits de l'équipage a été reconnue par plusieurs législations étrangères. Je laisse de côté certains codes, tels que ceux de la Grèce, de la Turquie, de l'Égypte [qui ont adopté jadis, purement et simplement, la législation française; mais je parle des lois les plus récentes. En Italie, l'art. 491 admet la responsabilité à raison des faits du capitaine et des autres personnes composant l'équipage; mais il autorise la libération au moyen de l'abandon : « Tout propriétaire ou copropriétaire..., peut, dans tous les cas, se libérer de sa responsabilité et des obligations précitées, par le délaissement. » L'art. 879 du Code du Chili admet la faculté d'abandon pour se libérer de la responsabilité encourue à raison des fautes des gens de l'équipage. L'art. 17 du Code finlandais autorise également le propriétaire à se libérer, par ce moyen, des dommages-intérêts ayant leur cause dans des avaries résultant d'une faute de l'équipage, ou encore résultant de quelque manquement dans le service. En Belgique, la loi ne spécifie pas, d'une façon précise, que le propriétaire sera responsable des faits des gens de l'équipage, et qu'il aura droit de s'en libérer en faisant abandon. C'est, dit-on, la tradition qui impose la solution affirmative, le sens donné par le mot « maistre » par l'Ordonnance de 1681 n'étant pas douteux (15). Le Code portugais (art. 492) décide bien que : « le propriétaire d'un navire est civilement responsable : 1° des actes et omissions du capitaine et de l'équipage»; mais pour ce dernier il semble bien résulter du texte que la responsabilité n'est pas limitée par l'abandon.

§ IV. — *Fautes des arrimeurs, chargeurs, etc.*

Faut-il étendre aux arrimeurs, chargeurs et autres personnes occupées à bord des navires, les solutions que je viens d'indiquer pour l'équipage proprement dit. On a dit : le propriétaire est responsable de leurs fautes ; car, en réalité, ce sont des membres temporaires de l'équipage. Je n'hésite pas à mes éparer de cette opinion (16). Rien, ni dans les textes, ni dans la tradition, ne permet de donner une telle extension à la loi. On arriverait, ainsi, à limiter la responsabilité, bien au-delà de l'esprit de la loi et de la pensée de ses rédacteurs. Étendre la portée de la faculté d'abandon, cela reviendrait à dire que quiconque est, directement ou indirectement, le préposé de l'armateur ne l'engage que jusqu'à la valeur du navire et du fret. La loi n'a certainement pas voulu exonérer le propriétaire dans de telles proportions. Quitte à me répéter encore, je rappelle qu'elle n'a en vue, que de garantir le propriétaire contre les abus provenant de l'ignorance ou de la malhonnêteté du capitaine,

15. Jacobs. *Le droit maritime belge*, I, n° 58.
16. De Courcy. *Question de droit maritime*, II, p. 60.

A   9.

mandataire qu'il est obligé de choisir parmi certains individus, et qu'il ne peut suffisamment surveiller. Je remarque
que, comme pour les gens de l'équipage, il faudrait faire exception pour la responsabilité encourue pour les actes accomplis par ces personnes, si elles avaient été choisies par
le capitaine, ou si elles exécutaient un travail sous sa direction, et qu'il fût déclaré responsable à cette occasion.

Je viens d'indiquer que dans certains pays, on reconnaissait
aux propriétaires la faculté de se libérer, par l'abandon, des
obligations résultant pour eux des faits de l'équipage ; que
dans d'autres, la solution contraire semblait admise. Je
viens de dire également que pour les préposés autres que les
hommes de l'équipage, il me paraissait impossible d'appliquer le principe de l'art. 216, § 2. Lors de la réunion du
congrès international maritime de Bruxelles, la question a
été soulevée : il a été décidé que le propriétaire est civilement responsable des faits de l'équipage et des préposés qui
en font l'office ; mais qu'il pourra s'en affranchir par l'abandon. Le congrès d'Anvers avait déjà adopté la même solution. On avait également employé l'expression de « préposés » comme plus large que celle de gens de l'équipage.

§ V. — *Le capitaine est remplacé dans l'exercice de certaines
de ses fonctions par des préposés spéciaux du propriétaire.*

Il arrive aujourd'hui fréquemment, et même on peut dire
que c'est la pratique courante, que, contrairement à l'art.
223 C. c., dans les grandes compagnies de navigation, ce
n'est plus le capitaine qui forme son équipage. La compa-

gnie a attaché à son administration des préposés spéciaux qui se chargent de recruter le personnel naviguant.

Ce sont des capitaines d'armement. Dira-t-on ici que l'équipage a été engagé directement par un préposé ordinaire de la compagnie, et que, par suite, les fautes d'un des individus qui le composent, engagent celle-ci sur tous ses biens selon l'opinion que j'ai soutenue précédemment? Faut-il dire, au contraire, que l'agent fait ici fonction de capitaine, qu'il agit en son lieu et place? je n'hésite pas à adopter la première solution. La compagnie a retiré au capitaine tout mandat pour former son équipage; il ne peut diriger les opérations du capitaine d'armement, qui seul a pouvoir d'engager le marin au nom de celle-ci. Cet agent est donc bien le mandataire de la compagnie; il la représente. La situation est bien la même que si un armateur avait engagé lui-même ses équipages.

Une seconde question, suscitée par l'existence d'agents spéciaux dans les compagnies de navigation, se pose sur l'applicabilité de l'art. 216.

Il arrive que, malgré l'art. 283, C. c., qui porte que les connaissements sont signés par le capitaine, ce sont dans ces compagnies des employés, agents spéciaux, qui signent au lieu et place de celui-ci. La compagnie, responsable, comme tout mandant, des actes de son mandataire, ne pourrait pas invoquer l'art. 216, § 2. M. de Courcy nous dit : « Ces compagnies jugent qu'à terre, elles feront mieux leurs affaires elles-mêmes, par leurs agents ou leurs employés, que par leurs capitaines. Je crois qu'elles ont raison. Elles s'interdisent ainsi d'opposer l'art. 216, toutes les fois qu'il ne s'agit pas d'un acte accompli par l'initiative effective du capitaine ». M. de Courcy fait remarquer encore qu'il y a là une organisation toute moderne, que n'avaient prévue, ni le législateur de 1841 ni, à plus forte raison, celui de 1807 ; que ceux-ci n'ont jamais voulu restreindre la responsabilité des compagnies à l'égard des actes de leur administration ; qu'en ce qui concerne les connaissements ainsi signés, on peut les comparer à de simples lettres de voiture.

Cette opinion n'a pas prévalu dans la jurisprudence française. La Cour de cassation, dont la jurisprudence tend de plus en plus à la séparation de ce qu'on nomme, incorrectement selon moi, la fortune de terre et la fortune de mer de l'armateur, n'a voulu voir dans cette signature du connaissement par des agents spéciaux, qu'un acte fait par eux, au nom et pour le compte du capitaine et non de la compagnie (17).

Malgré l'autorité de la Cour de cassation, je ne puis me rallier à cette dernière opinion. Il me paraît inexact de dire que l'agent d'une compagnie représente le capitaine, qu'il est son mandataire. Il me semble conforme à l'esprit de notre loi de dire que, pour pouvoir invoquer l'art. 216, il faut qu'il s'agisse, suivant l'expression de M. de Courcy « d'un acte accompli par l'initiative effective du capitaine », soit directement, soit indirectement par une personne qu'il s'est choisie pour le suppléer. Quand l'affréteur confie ses marchandises à une grande compagnie, il a en vue celle-ci et non pas le capitaine, avec lequel il n'a certainement pas eu l'intention de traiter. Dire avec la Cour de cassation « que

17. De Valroger, n° 256. — Cass., 22 mai 1867. D. 67, 1, 212.

la personnalité de la Compagnie s'effacera devant celle du capitaine, auquel elle ne peut se dispenser de confier l'exécution, » me paraît aller contre l'intention des parties et la réalité des faits. Il me paraît évident que le signataire du connaissement agit sur les ordres de la Compagnie et non du capitaine ; qu'il est le mandataire de celle-ci et qu'il l'engage dans les termes du mandat. La jurisprudence étrangère, notamment italienne, me semble avoir fait une application, autrement exacte que la nôtre, des vrais principes, en jugeant : qu'on peut refuser le droit de faire abandon non seulement au cas où il y a un engagement, une intervention directe, personnelle du propriétaire du navire ; mais encore, quand il s'agit de l'intervention d'un représentant de la Compagnie, véritable mandataire de celle-ci. En pareil cas, ce mandataire s'il agit dans les limites de son mandat, engage son mandant, qui est obligé comme s'il eût contracté personnellement. Or, dit la Cour de Turin, « la faculté d'abandon repose sur des raisons d'équité ; mais les dites raisons ne subsistent plus dans le cas où l'obligation, au lieu d'être contractée par le capitaine, l'est directement par le propriétaire » (18).

§ VI. — *Actes du subrécargue.*

J'ai dit que, jadis surtout, à côté du capitaine, il se trouvait souvent un préposé chargé de veiller sur les marchan-

18. Du 23 août 1887, Cour de cassation de Turin, RI, IV, 337 ; Anvers, 28 juillet 1868, A. 1869, 2, 93 ; voyez également A. 1857, 1, 225 ; 1838, 1, 168.

dises, de les vendre, d'en acheter de nouvelles, bref de faire le trafic, de s'occuper de toute la partie commerciale de l'opération. C'est qu'autrefois, en effet, le propriétaire était, bien plus qu'aujourd'hui, un trafiquant ; ses opérations offrent maintenant surtout le caractère d'entreprises de transports. Le subrécargue, tel était le nom donné à ce représentant spécial chargé de la partie commerciale, engageait la responsabilité de son maître, celui-ci ne pouvant jouir du droit de se libérer par l'abandon. Il y avait là un mandataire, librement choisi, et dont les pouvoirs étaient déterminés par la volonté du mandant, et non par la loi comme au cas du capitaine. Mais il arrivait souvent que le capitaine cumulait ces deux qualités ; dans ce cas, pour tout ce qu'il faisait en qualité de capitaine géreur de la cargaison, il était certain que l'art. 2, l. II, t. VII, ne s'appliquait pas. Je sais qu'Emérigon enseignait le contraire, mais en cette matière, l'opinion de l'illustre auteur était erronée (19). L'art. 216 ne peut pas plus que l'art. 2 de l'Ordonnance s'appliquer aujourd'hui (20). L'esprit, pas plus que le texte de l'article, ne le permet. On a fait remarquer, avec justesse, que s'il n'est pas douteux que l'art. 216 ne s'applique pas, quand les deux qualités de capitaine et de géreur sont séparées, aux actes faits à ce dernier titre, on ne verrait pas comment il pourrait en être autrement quand elles sont réunies sur une même tête. Il y a ici un double mandat : l'un général pour tout ce qui est relatif au navire et à l'expédition ; l'autre, comme pour le subrécargue, spécial. Or,

<hr>

19. Emerigon. *Traité des contrats à la grosse*, ch. 4, l. XI, § 3.
20. Boistel, n° 1188 ; Jacobs, *Droit maritime belge*, n° 74.

je répète ce que j'ai déjà écrit à plusieurs reprises ; l'art. 216 ne vise que le mandat général qui appartient à tout capitaine, étant de la nature de son titre et de ses fonctions ; mais il laisse absolument de côté, les pouvoirs qu'il peut plaire au propriétaire de confier à son capitaine, pour qu'il remplisse des fonctions spéciales. Le propriétaire ne peut se plaindre ; car rien ne le forçait à agir ainsi, n'étant pas lié, comme pour les pouvoirs généraux du capitaine, par la nature des fonctions que remplit celui-ci. Il lui a plu d'étendre à des cas spéciaux les pouvoirs de son capitaine, il n'a qu'à s'en prendre à lui-même si sa confiance a été mal placée (21).

Ce que je viens de dire du capitaine géreur, s'applique à tous les cas où le capitaine agit en vertu d'un mandat spécial, en dehors de ses fonctions habituelles.

Il est également certain, pour moi, que l'agent de la compagnie de navigation, qui la représente à l'étranger, trafique pour elle, l'engage dans les limites du droit commun.

§ VII. — *Actes de l'armateur gérant.*

J'ai déjà parlé de cette situation particulière. Un navire appartient à plusieurs. Un des propriétaires ou un tiers est chargé de l'administration ; il reçoit le nom d'armateur gérant. Quelle sera la responsabilité des copropriétaires à l'égard de ses actes?

21. Desjardins, nº 283. — Bédarride, nº 285. — Cassation, 30 août 1859. — D. 1839, 1, 350.

Il y a deux hypothèses à examiner : 1° Les propriétaires veulent se libérer, par l'abandon, à l'égard des tiers des actes accomplis par l'armateur gérant; 2° l'armateur gérant a, par exemple, fait des avances pour les besoins du navire ; il se retourne vers ses copropriétaires qui, pour se libérer, prétendent lui opposer la faculté d'abandon. Peuvent-ils invoquer dans ces deux hypothèses le bénéfice de l'art. 216? Dans la deuxième hypothèse on a paru vouloir accorder l'abandon. Il peut, dit-on, opposer aux copropriétaires les exceptions qu'il aurait opposées aux tiers (22); il s'agissait, dans l'espèce, d'un emprunt à la grosse, payé sans opposer l'abandon et sans avoir consulté ses quirataires. Ceux-ci pouvaient, il me semble, lui opposer qu'il avait commis une faute dans l'exercice de son mandat, mais la faveur de l'art. 216 devait leur être refusée, car il s'agit d'une situation toute différente de celle que vise cet article.

En faveur du droit à se libérer par l'abandon dans la situation prévue par la première hypothèse, on fait valoir divers arguments qu'il me faut examiner. Il y a, dit-on, un gérant qui agit pour les coassociés, c'est-à-dire quelque chose de semblable à la société en commandite : or, dans cette société, le gérant ne peut engager le commanditaire que dans les limites de sa commandite. D'autre part, l'associé étranger à la gestion n'a pas voulu assumer sur sa tête une responsabilité plus lourde que dans une société en commandite ; enfin, il faut remarquer encore que le capitaine copropriétaire ne peut être engagé qu'en proportion de sa part, de son intérêt ; donc, le copropriétaire ordinaire ne peut, *à fortiori*, être engagé au-delà de son intérêt (23),

22. N. 1881, 1, 213.
23. Dalloz, *Répertoire*, n° 189. Dageville, II, p. 132.

puisqu'il n'a contracté aucun engagement personnellement. Pour ce qui est de l'argument tiré de la gérance, on peut faire remarquer que même dans une société collective, il y a des gérants, et que, de ce qu'il y a des gérants, on ne peut conclure à la commandite. Les autres arguménts de M. Dalloz ne me semblent pas, non plus, devoir être pris en considération. Que le copropriétaire ne veuille pas, en aucun cas, être responsable au delà de ce qu'il a voulu exposer, c'est ce que tout associé désirerait souvent ; mais le tout est de savoir, ici, s'il a le droit et le pouvoir de le faire. Or je conteste absolument qu'il en soit ainsi dans notre droit maritime. Le propriétaire s'est vu autoriser à restreindre sa responsabilité par un texte formel. Sous l'empire de la loi de 1807, il était tenu indéfiniment par les engagements de son capitaine, conformément aux règles ordinaires du mandat ; puis la loi de 1841 est venue étendre l'exception de l'art. 216, mais pas pour les actes de l'armateur gérant. Il est impossible de l'entendre ainsi. Son texte et l'esprit qui a guidé ses rédacteurs, protestent là contre. Le texte ne parle que du capitaine. Pour ces motifs, je ferai remarquer : « que l'armateur gérant est choisi avec la plus complète liberté par les copropriétaires ; qu'ils ne sont pas tenus de le prendre dans une certaine catégorie de personnes que la loi détermine ; que, de plus, les pouvoirs de l'armateur gérant sont librement fixés par ceux qui en font choix ; qu'enfin la surveillance des copropriétaires sur ses actes est généralement facile » (24) : toutes condi-

24. Lyon Caen et Renault, *Traité*, n° 218, en ce sens ; Boistel, n° 1188 ; Bedarride, n° 337 ; Crep Laurin, 340. Nantes, 12 juillet 1871 (V. 1871, 2, 213 ; Jacobs, *Le droit maritime belge*, n° 74.

tions qu'on ne retrouve pas dans le choix, la détermination des pouvoirs et la surveillance du capitaine, et qui ont été la cause de la limitation de la responsabilité du propriétaire, à l'égard des actes de son représentant.

§ VIII. — *Actes accomplis à la suite d'une décision de la majorité des copropriétaires.*

Le navire appartient, comme au cas de l'armateur gérant, à plusieurs copropriétaires. Une décision est prise par la majorité, lie-t-elle les membres de la minorité ou bien ceux-ci pourront-ils échapper aux conséquences de cette résolution en abandonnant leurs parts du navire et du frêt ? Je rappelle que, s'il s'agit d'actes accomplis par le capitaine, j'ai montré précédemment que le copropriétaire pouvait user de l'abandon partiel vis-à-vis des tiers poursuivant, mais il s'agit ici d'actes faits par la majorité elle-même ou bien par le capitaine formellement autorisé par celle-ci. Le copropriétaire vient dire : je n'accepte pas la décision prise par la majorité, je veux faire abandon. Je crois que l'abandon ne peut pas être accordé contre les actes de la majorité (25). L'art. 220 dit que l'avis de la majorité doit être suivi ; permettre de faire abandon, ce serait souvent paralyser l'article ci-dessus. La lettre du texte est certainement contraire à l'abandon. Invoquera-t-on l'esprit de la loi ? je sais qu'on dit, et c'est une tendance qui me semble apparaître très nettement chez certains auteurs et dans des dé-

25. N. 1865, 1, 212 ; 1880, 1, 388 ; Demangeat, IV, 187 ; De Valroger, I, 421 ; Lyon-Caen et Renault, *Précis*, n° 1801, note 3.

cisions de jurisprudence, qu'il y a plutôt un droit réel sur le navire qu'une obligation reposant sur le propriétaire. Je considère, pour moi, qu'il n'y a bien qu'une obligation : il semble que l'idée du Code soit la suivante : l'avis de la majorité engage tous les propriétaires comme s'ils avaient consenti, et par suite, il faut les considérer comme étant engagés personnellement. Or, du moment où il en est ainsi, il faut se demander si cet engagement personnel a été limité par la loi. On cite, à l'appui de l'affirmative, l'art. 233. La majorité des auteurs y voit une limitation de la responsabilité (26) ; mais il ne faudrait pas en tirer une théorie générale. Il y a là une hypothèse toute spéciale ; la loi a donné au capitaine pour la résoudre des pouvoirs spéciaux. « Les décisions de la majorité, dit, au contraire, M. de Valroger (27), n'obligent pas seulement les propriétaires dissidents sur leur part. En principe elles les obligent indéfiniment comme si les propriétaires avaient personnellement contracté », et il reconnaît que l'abandonne peut les affranchir de cette responsabilité : pour moi, c'est résoudre d'une façon exacte la question posée.

Droit étranger. — La loi belge dit également que l'avis de la majorité est suivi : l'art. 23 reproduit notre article 233. Il n'est pas douteux que, comme dans notre droit, le capitaine peut poursuivre le copropriétaire récalcitrant. La question de savoir si un membre de la minorité peut se libérer par l'abandon des obligations résultant des décisions

26. Boistel, n° 1199 ; Cresp., I, n° 361 ; Desjardins II, 401-403 ; Bédarride II, n° 442 ; Emérigon. Chap. IV. Sect. IV, § 2.

27. De Valroger, I, n° 308, n° 257 ; Lyon-Caen et Renault, *Précis*, n° 1801 et *Traité*, n° 536.

prises par la majorité, se pose donc dans les mêmes conditions qu'en droit français, les textes de la loi belge étant identiques aux nôtres. Néanmoins, il me semble que la théorie qui lui permet de faire abandon n'a eu aucune faveur en Belgique. M. Jacobs nous dit : « le droit d'abandon n'a aucun rapport avec les décisions prises par la majorité des copropriétaires ou par l'armateur gérant..., on reste en face de la règle générale : quiconque s'oblige, oblige le sien » (28). Le Brésil a une législation semblable à la nôtre. En Portugal, (art. 495) l'association a un gérant, nommé caissier, dont les pouvoirs sont déterminés au paragraphe 3° : le texte nous dit qu'il ne peut entreprendre de voyages etc..., ni faire des dépenses, d'où résulteraient des obligations personnelles pour l'association, sans l'avis de la majorité. Celle-ci, par ses décisions entraine la responsabilité de la minorité qui en subit les conséquences sur ses parts. En Espagne, l'armateur gérant lie également la minorité si sa gestion a été approuvée par la majorité. En Italie, l'art. 495 stipule bien « que l'avis de la majorité lie la minorité » ; mais nulle part, on ne trouve indiqué que le copropriétaire pourrait échapper, par l'abandon, aux effets des décisions prises par la majorité des quirataires.

Le Code du Chili (art. 850) décide que le propriétaire ou le copropriétaire peut administrer, s'il a la qualité pour être administrateur, sinon il devra en être nommé un. Les copropriétaires répondent des frais faits pour le navire en vertu d'une décision de la majorité, jusqu'à concurrence de leur intérêt ; mais au cas où la majorité aurait autorisé l'ad-

28. Jacobs, n° 152.

ministrateur à l'engager indéfiniment (art. 883), la minorité aura le droit d'abandon. Dans le Code Finlandais, (art. 23) sauf le cas où le gérant aurait contracté en opposition à la volonté des associés avec une personne qui le savait, les copropriétaires sont personnellement responsables.

En Hollande, le propriétaire et le copropriétaire sont personnellement tenus des frais faits sur l'ordre de l'association. En ce qui touche les actes de l'armateur gérant, les copropriétaires sont tenus en proportion de leurs parts, sauf la réserve du droit d'abandon. Le Code de la République Argentine admet que les actes de l'armateur gérant engagent proportionnellement à leur part les copropriétaires qui sont personnellement tenus. Or, l'art. 896 dit: que ceux-ci sont tenus suivant les règles de l'art. 878. Le renvoi formel à cet article implique bien qu'il n'y a pas lieu à abandon.

L'art. 461 du Code Allemand, pose, en principe, que les actes faits par le gérant du navire, agissant au nom de la majorité, obligent tous les propriétaires comme s'ils s'étaient engagés personnellement; mais, le copropriétaire pourrait se dégager des frais d'une expédition à laquelle il n'a pas voulu consentir, par l'abandon de sa part à titre gratuit, moyennant un avertissement donné trois jours à l'avance, soit aux autres propriétaires, soit à l'armateur. L'art. 18 du Code Suèdois contient une disposition analogue. Il y a là une disposition qui me semble, sans m'inquiéter des délais et autres détails, présenter de sérieux avantages.

CHAPITRE IV

L'art. 216 est rédigé, comme on a pu le voir, de la façon la plus générale. Le droit de se libérer, par l'abandon, semble donc opposable à tout créancier, vis à vis duquel le propriétaire se trouve responsable ou engagé à raison des actes commis par les personnes qui sont énumérées au chapitre précédent, sans distinguer entre les créanciers privilégiés, hypothécaires et chirographaires (1). On verra, cependant, qu'en cas d'abandon les droits de ces trois catégories de créanciers ne sont pas identiques.

§ I. — *Des passagers.*

On a contesté le droit de faire abandon à certaines personnes, aux passagers entre autres. On a soutenu qu'ils ne pouvaient se voir opposer l'article 216. Le passager, dit-on, en prenant place à bord, et en apportant ses bagages, ne fait pas acte de commerce ; dès lors, l'art. 216 étant seulement applicable en matière commerciale, ne doit pas pouvoir être invoqué en l'espèce. Cette opinion, qui ne pouvait

1. Lyon-Caen et Renault. *Traité,* V° n° 219.

pas et ne devait pas prévaloir, a été repoussée. Les auteurs sont d'accord pour ne pas l'admettre et la Cour de Paris l'a également rejetée ; dans l'espèce, il s'agissait des bagages d'un passager qui avaient été perdus (2). On a répondu, pour ce qui est de la non application de l'art. 216, qu'il n'y avait rien qui pût faire supposer qu'il ne pouvait s'appliquer en la circonstance, qu'il avait justement pour but de permettre au propriétaire de restreindre sa garantie ; or, que, dans le cas qui m'occupe, la responsabilité pouvait être plus lourde qu'au cas d'un affrétement. En ce qui concerne la prétention de voir dans l'article une règle de droit commercial, applicable aux seuls actes de commerce, on peut répondre que le livre II, du Code de commerce, n'a pas un caractère exclusivement commercial, qu'il forme plutôt une loi maritime applicable à tous comme l'était l'ordonnance de 1681 ; qu'en effet, plusieurs de ses articles (art. 249 par exemple) s'appliquent à des cas où il n'y a certainement pas des rapports commerciaux. Mais il faut dire, et c'est là l'argument décisif, que l'art. 633 range parmi les actes de commerce tous les contrats concernant le commerce de la mer, ce qui comprend bien le transport des passagers et de leurs bagages (3). J'admets cette solution ; mais, il ne faut pas se dissimuler, qu'elle conduira parfois à des résultats qui peuvent paraître choquants. Un passager périt par la faute du capitaine, par exemple, dans une collision : si ses enfants actionnent en dommages-intérêts l'armateur, en l'espèce le plus souvent une grande compagnie de navigation, ils

<hr>

2. 24 mai 1862, Paris, D. 1862, 2, 175 ; — Lyon-Caen et Renault. *Précis*, n° 1665 ; de Valroger, I, n° 260 ; Desjardins, II, n° 279.

3. Lyon-Caen et Renault. *Précis* : n° 1936.

se verront opposer l'abandon du navire, qui sera, peut-être, au fond de la mer ; le même passager eût-il péri dans un accident de chemin de fer, alors qu'il allait s'embarquer, sa famille aurait touché une indemnité.

§ II. — *Gens de l'équipage.*

I. *Des loyers.* — La difficulté est plus grande, quand il s'agit de savoir si l'abandon est opposable aux gens de l'é-quipage. Je laisse de côté des cas où il n'est pas douteux que l'armateur soit personnellement obligé, et, par consé-quent, où il ne peut se libérer par la faculté d'abandon. Il a engagé, lui-même, les matelots de l'équipage, ou bien encore il a signé le rôle d'équipage (4), ce qui est assez fré-quent dans la pratique. Ce sont deux hypothèses où il n'y a pas de doute. C'est une application pure et simple des prin-cipes généraux précédemment exposés. Je rappelle qu'ac-tuellement, toutes les grandes compagnies ne navigation ont ce qu'on nomme des capitaines d'armement ; le matelot engagé ne saurait se voir opposer l'art. 216, par ce qu'on considère la compagnie comme liée par un agent spécial, mandataire ordinaire. Le capitaine étant engagé par le pro-priétaire, il n'est pas douteux qu'on ne peut lui opposer l'art. 216.

Il me faut m'occuper des deux seuls cas où il peut y avoir des difficultés sérieuses : 1° Le capitaine a engagé son équi-page au lieu de la demeure du propriétaire ; 2° il l'a formé

---

4. Rouen 18 juillet 1873, N. 1873, 2, 107 ; 2 août 1873, N. 1673, 2, 97 ; Aix, 23 mars 1886, N. 1886, 2, 190.

dans un lieu autre que celui de cette demeure. La faculté
d'abandon pourra-t-elle être opposée aux marins qui récla-
meront leurs loyers ? reprenons l'une et l'autre hypothèse.

1° l'art. 223 C. co., porte que le capitaine pourra choisir
l'équipage ; ce qu'il fera, ajoute-t-il néanmoins, de concert
avec les propriétaires, lorsqu'il sera dans le lieu de leur demeure. Ainsi le capitaine doit s'entendre avec le propriétaire ; dès lors celui-ci est présumé avoir concouru à l'engagement quand il a été fait dans le lieu de sa demeure (5),
et il ne pourra en conséquence se libérer par l'abandon du
paiement des salaires dus à l'équipage. Mais il y a divergence dans la jurisprudence et entre les auteurs, sur le
point de savoir si le propriétaire peut prouver qu'en fait il
est demeuré étranger aux engagements des marins. Pour
les uns, cette présomption admettrait la preuve contraire,
et le propriétaire qui établirait que, quoique ayant été faits
au lieu de sa demeure, il ignorait les engagements faits par
le capitaine, pourrait opposer encore aux marins l'art. 216.
C'est l'avis de MM. Desjardins et Laurin (6). Ce n'est
pas le lieu de la demeure qui a son importance : c'est l'engagement personnel. Du moment où il est établi qu'il
n'existe pas, il n'y a pas lieu de distinguer si l'engagement,
par le capitaine, a eu lieu dans sa demeure ou hors de sa demeure.

Je ne puis souscrire à cette opinion ; je pense, avec la

5. Circulaire du 27 septembre 1859, B.O. 59, 2, 319 ; D. 1859, 1, 350 ;
S. 1861, 2, 299 ; Cassation 10 juin 1879, H. 1880, 2, 221 ; Desjardins,
n° 283. — Bedarride, n° 298 ; — Alauzet n° 1712 ; Filleau : *Traité de
l'engagement des matelots*, p. 79.

6. Desjardins, 283 ; Laurin, I, p. 628 ; — Marseille, 19 juillet 1880,
H. 1861, 2, 71.

A   10.

majorité des auteurs et des décisions judiciaires, que la présomption établie par l'art. 233 n'admet pas la preuve contraire. J'admets parfaitement que la faculté d'abandon n'est pas une affaire de résidence, mais d'engagement personnel ; or ici, par cela seul que les gens de mer ont été engagés dans le lieu de la demeure du propriétaire ou de son fondé de pouvoir, ils ont dû croire que le capitaine s'est conformé à l'art. 223, C. co., et que, par suite, il y a eu un concours qui rend l'abandon inadmissible (7). La solution serait la même, si l'engagement avait été signé dans le lieu de la demeure du représentant du propriétaire.

En fait, le plus souvent dans la pratique, on fait signer le rôle d'équipage par le propriétaire ; on échappe ainsi à cette difficulté.

2° Si je suppose, au contraire, que le capitaine a formé l'équipage dans un port autre que celui du lieu de la demeure du propriétaire ; qu'il a engagé un marin en cours de voyage, la situation est tout autre. Je n'hésite pas, en pareils cas, à considérer que le propriétaire n'est plus tenu personnellement ; qu'il peut se libérer par l'abandon du navire et du fret.

Il y a là une situation douloureuse pour les marins ; critiquable sans doute, à beaucoup d'égards ; car l'équipage peut avoir rempli sa mission, rendu les services auxquels l'armement avait droit, et il n'en verra pas moins invoquer contre lui l'art. 216 § 2 qui réduira à rien ses droits et lui fera perdre le fruit de ses peines. Ce résultat a paru si dur

7. Lyon-Caen et Renault. *Traité* n° 210 ; Cass. 8 janvier 1878, S. 1878, 1, 113.

à certains, qu'ils ont soutenu que la faculté d'abandon ne pouvait jamais être opposée aux marins (8).

M. Filleau raisonne ainsi : Le propriétaire ayant ordonné au capitaine de procéder à l'armement du navire, cet ordre comporte, par cela même, le mandat de former l'équipage. Le capitaine ayant agi en vertu d'un mandat du propriétaire, ce dernier se trouve tenu personnellement et indéfiniment vis-à-vis de l'équipage.

Le raisonnement est aisément réfutable. Il y a bien un mandat, résultant de l'art. 223 dont on argumente ; mais il n'y a là qu'une application particulière du mandat général donné par la loi, proclamé par l'art. 216. L'art. 223 ne fait que spécifier cette application dans un cas particulier, qu'on a cru nécessaire de préciser à cause de son importance. Il est donc bien évident que le capitaine n'agit dans ce cas qu'en vertu des pouvoirs généraux qui lui font un devoir de procéder à l'armement, opération dont le recrutement des marins fait partie. Il faudrait étendre, sans cela, le même raisonnement à tous les agissements du capitaine, et on arriverait ainsi à supprimer le rôle de l'art. 216. Ce texte est d'ailleurs formel, et les dispositions de la loi prouvent qu'il n'était pas dans les idées du législateur de faire une situation plus favorable aux marins qu'aux autres créanciers.

Notons que le propriétaire ne peut se libérer, par l'abandon, que des loyers du dernier voyage, et non de ceux des voyages antérieurement accomplis. En recouvrant les frets antérieurs, il a ratifié les engagements de son capitaine, et

8. Filleau : *Traité de l'engagement des matelots*, p. 75 et suiv. ; M. 1862, 1. 126 ; 1869, 1. 28.

il est devenu débiteur personnel (9). Ayant perçu les bénéfices d'une expédition, il serait injuste qu'il pût s'exonérer des charges qui en sont l'équivalent.

Il y a là, en somme, une mesure très dure pour les populations maritimes ; aussi, dans le projet de réforme du livre II en 1867, on accordait le droit de faire abandon pour tous les engagements du capitaine : « à l'exception des loyers et gages de l'équipage ». C'était une disposition heureuse qui n'a malheureusement pas passé dans la loi.

Dans la pratique, les cas d'application de la faculté d'abandon étaient assez restreints par l'art 258. C. civ. qui décidait qu'au cas de prise, de bris ou de naufrage avec perte entière du navire et des marchandises, les hommes de l'équipage ne pouvaient prétendre à aucun loyer. Il était généralement admis qu'au cas d'innavigabilité, survenue en cours de voyage, l'art. 258 n'était pas applicable.

Le nouvel art. 258 (Loi du 12 août 1885) a-t-il une influence sur la question que j'examine. Je ne le pense pas. Résumons d'abord les modifications introduites dans la loi. Elle pose le principe suivant : c'est que les matelots engagés au voyage ou au mois, seront payés de leurs loyers jusqu'au jour de la cessation de leurs services en cas de prise, bris, naufrage ou innavigabilité. Enfin, au cas de disparition sans nouvelles, les parents ont droit à une partie des loyers, déterminée selon les circonstances, par les derniers alinéas du nouvel article. L'idée incontestable de la loi est une pensée de bienveillance pour les marins ; on trouve inique que des services rendus ne soient rémunérés. On a

9. D. 1879, 1. 340.

parlé de la sollicitude, due aux gens de mer, au cours de la discussion ; faut-il en conclure que le législateur a voulu que le marin ou sa famille touchât toujours les loyers, le propriétaire ne pouvant pas leur faire abandon, ou bien a-t-il simplement voulu permettre aux matelots d'exercer leurs réclamations contre le propriétaire sauf pour celui-ci le droit de faire usage de la faculté de l'art. 216 ? La situation des matelots engagés par le propriétaire ou dans le lieu de sa demeure est améliorée, puisqu'ils pourront recouvrer des loyers auxquels jusqu'à ce jour, ils n'avaient pas droit ; mais pour ceux engagés par le propriétaire ou dans le lieu de sa demeure, la nouvelle loi n'a pas, en réalité, modifié l'état de chose préexistant. L'armateur pourra sans doute être poursuivi ; mais il paralysera les effets de la nouvelle loi en usant de la faculté d'abandon. Le seul droit acquis par le marin, c'est celui de faire des frais de procédures. En effet, il n'a rien été dit, ni dans les travaux préparatoires, ni dans la discussion qui permette de dire que le propriétaire ne pourra plus opposer l'art. 216. Il faudrait un texte pour permettre aux gens de mer de toucher leurs loyers en toutes circonstances, et la réforme proposée en 1867, en faveur des populations maritimes, est bien demeurée à l'état de projet.

Droit étranger. — Je remarque que les législations étrangères ont pour la plupart adopté des mesures bienveillantes pour les gens de mer, nous devançant dans cette voie. On ne peut qu'approuver de telles réformes. Dans le code italien, il est dit (491) que la faculté d'abandon n'existe pas pour les dettes de salaire ou de rémunération des gens de l'équipage. En Espagne, le marin a droit à ses salaires, toutes les fois que le navire voit sa navigation interrompue par suite, soit d'un cas de force majeure, soit d'avaries.

La loi suédoise voit, dans les contrats d'engagement et de service conclus par le capitaine, une créance toujours personnelle pour l'armateur propriétaire, et dont il ne peut, par suite, se libérer. Une disposition semblable se trouve dans le Code du Portugal. En Angleterre et en Finlande, les gens de mer ont droit à leurs salaires, jusqu'au moment où ils ont cessé leurs services, sauf s'ils n'ont pas fait tous leurs efforts pour sauver le navire et la cargaison. J'ajoute pour le droit anglais, que la faculté d'abandon n'y existant pas, et la responsabilité absolue du propriétaire étant admise, s'il en était autrement, c'était en vertu d'un acte qui posait que là où il n'y avait pas de fret, il ne pouvait y avoir de salaires. L'act de 1854 (art. 183) a introduit la règle que j'ai indiquée, le droit au salaire pour les marins. La même pensée favorable se retrouve dans la législation allemande : là aussi ils ont toujours droit de percevoir le fruit de leurs services.

Le code russe, tout en reconnaissant que, si le navire coule à fond, brûle ou périt de toute autre manière, le marin perd ses loyers, admet que dans tous les autres cas il ne perdra pas sa solde. Le Code argentin (art. 1006) ainsi que le code du Chili (art. 948) se montre sévère pour l'équipage. Il n'a jamais droit à ses salaires que jusqu'à valeur de la partie du navire sauvée, et si aucune partie n'a été sauvée jusqu'à la valeur du fret. Ce qui équivaut, il me semble, à accorder au propriétaire la faculté d'abandon.

II. — *Des frais de rapatriement.* — L'art. 258 tranche aujourd'hui cette question. Je rappelle quelle était, avant la loi de 1885, la situation faite aux propriétaires. Les marins ont toujours eu droit à des frais de rapatriement et de conduite (arrêté du 5 germinal an XII). L'armateur était tenu jusqu'à concurrence de la valeur des débris et du fret des marchandises sauvées. Un décret du 7 août 1860 aggrava les charges des armateurs en décidant que « les frais de rapatriement sont imputés sur le navire et subsidiairement, sur les frets gagnés depuis que le navire a quitté son port d'armement, et n'incombent au Trésor qu'après épuisement de cette garantie. » Le navire pouvait donc avoir quitté le port d'armement depuis plusieurs années ; l'armateur aurait, néanmoins, pu être contraint à rapporter les frets touchés pour payer les frais de rapatriement. Le décret était-il légal ? ce fut contesté ; mais, dans tous les cas, la Cour de cassation avait interprété les anciens textes dans le même sens (10).

L'armateur pouvait-il s'exonérer de cette charge en faisant l'abandon ? Il avait été admis, en général, qu'il y avait une action directe et personnelle contre lui, dont il ne pouvait se libérer. L'État voulait toujours faire rapatrier les marins, ayant un intérêt personnel à ce que ceux-ci ne demeurassent pas à l'étranger ; il y avait là un motif d'ordre public contre lequel ne pouvait prévaloir l'art. 216.

L'art. 258 se montre aujourd'hui plus bienveillant pour le propriétaire. Il n'est plus tenu, dans tous les cas, que jusqu'à concurrence de la valeur du navire ou des débris et du montant du fret des marchandises sauvées. On lui accorde, en somme, la faculté d'abandon, sauf cette diffé-

10. D. 1877. 1. 114.

rence avec les loyers, qu'il n'y a plus à tenir compte des conditions de formation des engagements.

III. — *Frais de maladie*. — Au cours du voyage, le marin peut tomber malade : il peut également être blessé en service, ou en défendant le navire contre les pirates ou les ennemis. Il est loin de son pays, sans ressources souvent ; une telle situation devait attirer forcément l'attention du législateur. Le Code de 1807 l'avait réglée ; la loi du 12 août 1885 y a apporté des modifications. Quels sont les droits du marin ? Les nouveaux articles 262, 263 et 265 les déterminent. Il est payé de ses loyers, traité et pansé aux frais de l'armateur ; s'il a été laissé à terre, il sera également rapatrié aux frais de celui-ci. S'il a été blessé en défendant le navire, les dépenses occasionnées seront classées parmi les avaries communes, dont le propriétaire du navire supportera la part qui lui incombe. Pourrait-il faire abandon pour s'affranchir de l'obligation qui pèse sur lui ? Il me paraît sans difficulté, qu'il faut répondre négativement. La nouvelle loi a fixé les droits du marin d'une façon bienveillante pour l'armateur ; mais il y a obligation personnelle pour lui ; il suffit, pour s'en convaincre, de lire le texte de l'art. 262, § 2. Il nous dit : « Si le matelot a dû être laissé à terre, il est rapatrié aux dépens du navire ; toutefois, le capitaine peut se libérer, de tous les frais de traitement ou de rapatriement, en versant entre les mains de l'autorité française une somme à déterminer d'après un tarif qui sera arrêté par un règlement d'administration publique, lequel sera révisé tous les trois ans. »

§ III. — *De l'État.*

En principe, il n'est contesté par personne que l'abandon peut être opposé à l'État, comme à un particulier, s'il se trouve créancier du propriétaire à la suite d'un engagement pris par le capitaine ou d'une faute commise par ce dernier, comme s'il y avait eu, par sa faute, par exemple, un abordage entre le navire qu'il commande, et un de ceux de l'État. La Cour de cassation belge a donné la vraie formule dans un arrêt du 24 novembre 1881 (11) lorsqu'elle dit que, « quelle que soit la personne naturelle ou civile qui l'actionne » la responsabilité du propriétaire se trouve limitée, à raison du fait ou de l'engagement du capitaine.

Il y a eu, cependant, des difficultés dans l'application de ce principe. L'État passe souvent des traités avec les compagnies de navigation, soit pour le transport d'objets qui lui appartiennent, effets d'équipement, d'armement ; soit, plus souvent encore, pour assurer les services postaux. Doit-on voir dans le seul fait d'avoir contracté avec l'État directement, une obligation personnelle pour les compagnies, qui les empêcherait de faire abandon, en cas de faute du capitaine ? Je ne le crois pas, sauf clause bien explicite ; car, nul ne peut être censé renoncer à son droit, si sa volonté n'apparaît pas bien clairement ; or, la compagnie s'engage à faire opérer le transport, et non à se rendre responsable des fautes ; de plus, on fait observer que, si le contrat avait été signé par la compagnie, l'inexécution pro-

11. Pas. 1881. 1. 398.

vient d'une faute personnelle au capitaine, ce qui rentre bien dans le domaine de l'art. 216 (12). La Cour de Paris, en admettant cette opinion, a donc sainement appliqué les principes (13). La juridiction administrative n'a pas admis cette thèse ; elle a toujours jugé, interprétant souverainement les clauses des marchés passés avec l'État, qu'il y avait un engagement personnel. C'est ce qu'elle a décidé dans une affaire de services postaux et, plus récemment, dans une affaire de transport de matériel (14). Il y avait là une question d'espèces dont la solution ne peut infirmer le principe général.

Échouement à l'entrée des ports. — J'ai déjà eu l'occasion de dire que la loi de 1885 avait complété l'art. 216. Je rappelle qu'en cas de naufrage, d'échouement dans les eaux d'un port, la jurisprudence voyait, dans le fait de ne pas procéder à l'extraction de l'épave sur la mise en demeure de l'administration, une contravention de grande voirie dont le propriétaire du navire était directement responsable : il ne pouvait se libérer par l'abandon. M. de Courcy avait critiqué cette jurisprudence, et la campagne menée par lui contre cette interprétation de la loi de 1841 (art. 216) a fini par aboutir.

Le nouveau texte de l'art. 216 condamne absolument l'interprétation sévère des juridictions administratives. Désormais le propriétaire peut faire abandon pour se libérer vis-à-vis de l'État, au cas de naufrage, d'échouement, ou

---

12. De Valroger, n° 254.
13. Arrêt du 9 juillet 1872. D. 1874. 2. 193.
14. Conseil d'État, 8 mai 1874. S. 1876. 3. 93 ; et 10 novembre 1887. R. I. III. 585.

de dommages causés aux ouvrages d'un port. Il semble que, pour ceux-ci, le propriétaire était simplement obligé comme civilement responsable, et non tenu personnellement comme au cas d'échouement ou de naufrage. Il aurait pu invoquer l'art. 216. C'était l'avis de la section des travaux publics au Conseil d'État, à laquelle le projet de la loi actuelle avait été soumis : il lui a paru plus simple, pour faire taire les craintes exprimées par la commission de la marine marchande et éviter toute difficulté, de bien spécifier dans le texte que la loi serait applicable au cas de dommages causés aux ouvrages d'un port. La réforme s'imposait, ainsi que le fit observer M. Griolet dans son rapport au Conseil d'État : « rien ne pouvait justifier la faveur faite à l'État ; il n'y a pas d'hypothèse où l'on puisse mieux comprendre la libération par l'abandon. »

Le projet de loi fut l'objet d'un certain nombre de renvois de la Chambre au Sénat et réciproquement.

Le Sénat avait adopté, en 1877, une première rédaction, ainsi conçue : « En cas de naufrage du navire dans un port maritime ou havre, ou dans les eaux qui lui servent d'accès. » La commission de la Chambre, allant plus loin encore dans la réforme en faveur des propriétaires de navire, proposait d'ajouter au texte ci-dessus, les mots, « port fluvial». Le rapporteur de la Chambre trouvait qu'il y avait quelque chose de contradictoire à refuser ou à accorder le droit de se libérer, selon que l'accident était arrivé dans un port fluvial ou maritime. Le Sénat ne voulut pas suivre la Chambre des députés dans cette voie : il fit observer que dans le livre du code où se trouvait l'art. 216, il s'agissait du commerce maritime ; il y aurait donc une incorrection à y introduire des dispositions relatives à la navigation fluviale. La Chambre persista dans sa première opinion. Son rapporteur faisait remarquer, avec assez de raison, que, quand un navire part de Rouen pour aller à New-York, il y a bien un navire tel que le comprend le livre II du Code de commerce, que le propriétaire est bien un propriétaire tel que l'entend l'art. 216, que la navigation est bien maritime. Or, serait-il admissible que le propriétaire de ce navire fût exonéré s'il venait à s'échouer à l'entrée du Havre, tandis que, au contraire, il serait tenu d'un enlèvement coûteux si l'événement s'était produit au port de Rouen. En réalité, à lire les travaux préparatoires, je crois que la mésentente était plutôt dans les mots que dans la pensée des deux assemblées. Le Sénat ne voulait pas que la réforme s'appliquât aux simples ports fluviaux, en un mot que la batellerie pût s'en prévaloir, et il avait raison ; mais, en soutenant l'introduction des mots « port fluvial » la Chambre ne songeait qu'à ces ports qui, situés sur de grands fleuves comme Bordeaux, Rouen, etc., n'en sont pas moins assimilables à tous points de vue, à ceux formés par les eaux de la mer. Finalement, la rédaction actuelle fut adoptée par les deux assemblées. Pour bien préciser l'expression de « port maritime » qui s'y trouve, je crois qu'il est bon de rapporter les paroles de M. Roger-Marvaise, répondant au ministre qui faisait observer qu'avec cette rédaction, on se refuserait à appliquer le texte à un navire coulé, par exemple, dans le port de Bordeaux ; le rapporteur disait : « Nous avons employé l'expression port maritime, parce qu'à côté des ports de mer, il y a les ports maritimes qui peuvent être situés à une certaine distance de la mer. En un mot, la disposition s'applique à tous les ports où se fait le commerce maritime, où il existe une administration maritime. » Il est à craindre, a dit M. Desjardins, qu'il n'y ait des difficultés sur l'interprétation de mots « port maritime » et que les tribunaux nes'en tiennent aux décrets du 19 mars 1852 et du 9 avril 1883 pour le sens à leur donner. Je ne crois pas que le danger signalé soit à redouter. Si on peut reprocher au texte de laisser place à quelque équivoque par cette expression de port maritime, qui peut donner lieu à une interprétation plus ou moins large, les travaux législatifs en précisent bien le sens. Si les tribunaux veulent appliquer la loi telle que le législateur l'a conçue, ils devront s'inspirer de cette double idée, que le port doit être tel qu'on puisse faire directement le commerce maritime, et qu'il s'y trouve une administration de la marine. La jurisprudence administrative paraît avoir reconnu, sans difficulté, ce sens à la loi.

Après avoir appliqué, au cas de naufrage dans un port et d'avaries aux ouvrages de celui-ci, la règle de l'art. 216, la nouvelle loi reconnaît que le capitaine propriétaire ou copropriétaire pourra se libérer par l'abandon, dans les mêmes circonstances, du montant des dommages causés par son navire, du renflouement ou de l'extraction à condition qu'aucune faute ne lui soit imputable ; et, de cette faute, qui seule pourrait faire obstacle à l'abandon, ce sera l'État qui sera forcé d'en apporter la preuve. « On ne voit pas pour quelle raison, disait le rapporteur au conseil d'État, on refuserait au capitaine propriétaire ou copropriétaire du navire la faculté d'abandon, en cas d'échouement dans un port, pourvu que l'accident n'ait pas été causé par la faute du capitaine lui-même. » Au Sénat, le rapporteur M. Grivart reprenait la même idée, en disant qu'en cas d'absence de faute, il n'y avait aucune raison de refuser au capitaine le bénéfice de l'abandon.

Le système, qui a prévalu, est singulièrement incohérent. Il y a entre le 3ᵉ et le 5ᵉ alinéa de l'art. 216, une antinomie manifeste. En permettant au propriétaire de se libérer par l'abandon dans le cas de l'alinéa 4, la nouvelle loi ne fait qu'appliquer l'esprit de l'art. 216. Il avait permis que dans tous les cas, le propriétaire soit affranchi des obligations résultant des actes de son capitaine ; or, par une interprétation, exacte ou non, des textes anciens, la jurisprudence avait cru devoir faire exception à la règle, au cas qui m'occupe. Avec l'alinéa 5, on s'écarte de l'esprit de l'ancien article : j'ai indiqué quelles étaient les raisons de refuser l'abandon au capitaine propriétaire : elles sont les mêmes dans le cas spécial que j'examine actuellement. Il y a une obligation personnelle, vis-à-vis de l'Etat, à laquelle on permet d'échapper par l'abandon, sans doute dans une pensée de bienveillance ; mais, le capitaine obligé, vis-à-vis d'un particulier, ne mérite-t-il pas la même protection ?

La faculté de se libérer par abandon s'applique, ai-je dit, aux dépenses d'extraction à la suite d'un naufrage ; le capitaine était tenu jusqu'alors, comme tout propriétaire, de procéder à l'extraction ; désormais sa faute seule peut l'obliger, et la charge de la preuve incombera à l'Etat.

Cette faculté s'appliquerait également aux frais qui incombent au capitaine propriétaire, pour les réparations à faire, à la suite de dommages causés aux ouvrages d'un port. Il n'est pas aisé d'apercevoir, de prime abord, comment l'art. 216 pourra s'appliquer à cette dernière hypothèse : ou le capitaine propriétaire sera en faute, et il demeurera soumis au régime du droit commun, ou il y aura eu force majeure, et il ne devra pas les frais de réparation. Mais, il y a des cas où le capitaine propriétaire devrait faire la preuve de la force majeure ; ici la loi intervertit la présomption, mettant à la charge de l'Etat la preuve de la faute commise, si le capitaine propriétaire offre de se libérer par l'abandon. Il n'en serait pas de même, s'il prétendait qu'il ne doit supporter aucune dépense de réparation. Il y a, à l'alinéa 5, une exception au droit commun qui ne doit pas être étendue.

« On peut donc prévoir une hypothèse, dit M. Desjardins, dans laquelle le capitaine aurait intérêt à invoquer la disposition finale de l'art. 216, en proposant de se libérer par l'abandon, c'est lorsque, dans une affaire très douteuse, il aurait tout à gagner en rejetant sur l'Etat, demandeur en indemnité, le fardeau de la preuve. »

Je signale qu'en Belgique, la solution qui était admise par la jurisprudence administrative, l'est encore par les juridictions de ce pays ; la Cour de cassation belge se prononce en ce sens (arrêt du 9 juillet 1891).

CHAPITRE V

J'ai indiqué, jusqu'à présent, qui pouvait faire abandon, dans quelles circonstances et par suite de quels actes le propriétaire pouvait exciper de ce droit. J'ai parlé également des personnes qui pouvaient se le voir opposer. Il me faut voir maintenant, ce que comprend l'abandon.

L'art. 216 nous donne une formule générale. « Il peut, dans tous les cas, s'affranchir des obligations ci-dessus par l'abandon du navire et du fret. » Cette formule, exacte en thèse générale, sera, en fait, souvent trop large ; il y aura des cas où le propriétaire n'aura à faire que l'abandon du navire ; d'autres du fret. Il est même des cas où l'abandon ne comprendra rien, d'une façon effective, quand le navire et les marchandises auront péri complètement. Il y aura abandon du navire et du fret, si le navire n'est pas complètement perdu, si on a pu sauver la totalité ou une partie des marchandises. Il peut arriver que le chargement soit totalement perdu et que le navire ne le soit pas : en pareil cas, le fret est perdu et l'abandon ne comprend que le navire. Il peut encore se faire que l'abandon ne comprenne que le fret, si le navire est détruit et que les marchandises aient été sauvées. Si le bâtiment navigue sur lest, ou si c'était un yacht, ou un bâtiment de l'État, il n'y aurait lieu qu'à abandon du navire.

Voyons maintenant ce que comprennent ces deux termes: navire et fret.

§ I. — *Le navire*

Le navire doit être abandonné dans l'état où il se trouve. Il peut être détérioré, il peut être perdu entièrement, au fond de la mer, sans que le créancier pût contester ce droit Il est évident que refuser le droit d'abandon, en cas de perte totale, serait aller absolument contre l'esprit de la loi (1). Dans l'expression navire, on comprend tous les accessoires matériels, tels qu'agrès, apparaux, chaloupes, voir même les approvisionnements qui pourraient se trouver à bord (2). On veut que le sacrifice du propriétaire s'étende à tout ce qu'il avait livré aux risques de mer. Est-il nécessaire de faire entrer les marchandises, se trouvant à bord pour le compte du propriétaire du navire, dans l'abandon qui en est fait. Je ne le pense pas; car elles ne répondent de la dette du propriétaire qu'en tant que chargeur. J'ai dit que le navire devait être abandonné dans l'état où il se trouve. A quel moment faut-il se placer? la loi est muette sur ce point. Le navire ayant entrepris le voyage, il est naturel qu'il le termine; dès lors, il devrait être abandonné dans l'état où il se trouve à la fin du voyage durant lequel a été fait l'acte où s'est passé le fait qui donne lieu à l'abandon (3). Je crois

1. 1862. 2. 243; A. 1893. 1. 119.
2. Bordeaux, 15 février 1887. RI. III, p. 416.
3. Lyon-Caen et Renault. *Traité*, V, n° 224.

A   11.

qu'il faut dire, tout au moins quand il s'agit d'un fait donnant lieu à l'abandon, que le navire doit être abandonné dans l'état où il se trouvait après cet événement. Ainsi, un navire abordeur est-il abandonné pour dégager la responsabilité civile du propriétaire, ce sera dans l'état où il se trouvait après l'abordage. Dès lors, si le navire a dû subir des réparations pour pouvoir gagner le port de destination, toutes ces réparations seront à la charge de l'abandonnataire. Il en serait de même des travaux faits pour aveugler une voie d'eau en cas d'échouement, ou des frais de sauvetage, tels que renflouement, remorquage. Dans tous ces cas, si l'abandonnataire n'était pas tenu, le propriétaire du navire se trouverait avoir payé, sur sa fortune de terre, ce qui est contraire à l'esprit de la loi.

S'il y a eu vente des débris du navire, le propriétaire ne sera tenu de restituer le prix, que déduction faite des dépenses, dont je viens de parler, et je crois qu'il pourrait même forcer les créanciers à leur tenir compte du surplus de celles-ci, si elles dépassaient cette valeur (4).

C'est le navire qui doit être abandonné ; le propriétaire ne pourrait donc pas offrir aux créanciers ni les contraindre à accepter, à la place, une somme d'argent en représentant la valeur.

Les créanciers, ayant droit à tous les accessoires du navire, pourront réclamer toutes les indemnités qui pourraient être dues, par suite d'événements de mer, telles que contribution pour une avarie commune ou montant des dommages causés par un abordage. Ces indemnités sont, en effet, l'équivalent de la perte subie par le navire ; elles

4. De Valroger, n° 262. N. 1866, I, 138.

doivent donc faire partie de l'abandon (5). Il faut, bien entendu, que les évènements qui donnent lieu à des recours contre les tiers se soient produits pendant le voyage où a eu lieu le fait ou l'acte qui donne naissance à l'abandon.

Il arrive souvent que le navire abandonné était assuré ; cette indemnité d'assurance, à qui appartiendra-t-elle ? au propriétaire qui fait abandon, ou au créancier abandonnataire. Valin, au siècle dernier, admettait la seconde solution : il voyait dans l'assurance la représentation de la chose assurée (6). Emérigon soutenait l'opinion contraire (7). La question paraissait définitivement résolue : la jurisprudence et les auteurs étaient unanimes pour reconnaître que le bénéfice de l'assurance revenait au propriétaire (8).

La loi du 19 février 1889, sur l'attribution de l'indemnité d'assurance, aux créanciers privilégiés et hypothécaires, semble faire renaître la controverse. Je verrai si cette loi a vraiment pour effet de modifier la solution unanimement admise avant elle.

Lors de la discussion de la loi de 1841, on avait tenté de faire comprendre, dans l'abandon, le montant de l'assurance. Plusieurs Cours, Aix entre autres, consultées sur le projet de loi, avaient émis l'avis que cette modification fût introduite dans le texte proposé. Lors de la discussion, M. Persil (9) proposa un amendement qui faisait droit à ces.

5. M. 1872, 1, 128.
6. Valin, Livre 1, Titre 12, art. 3.
7. Emérigon, chap. 12, sect. 7.
8. D. 1882, 1, 129 ; — RI. II, p. 187, 536, 490. — Bedarride, n° 293. Desjardins, n° 201 ; — Caumont au mot *Abandon*, 54 et 55 ; Boistel ; p. 923 ; de Valroger, n° 272 ; Demangeat 5, IV, p. 157.
9. *Moniteur* du 15 mai 1841.

observations ; il fut repoussé. On peut donc dire que, si la loi n'exclut pas expressément de l'abandon le montant de l'assurance, l'exclusion résulte bien formellement des débats et du vote de la loi de 1841. Le rapporteur, M. Dalloz, répondait, au nom de la commission, à M. Persil : « que les « rapports, établis par la loi entre le propriétaire de navire « et le prêteur ou chargeur, devaient demeurer, tout à fait « indépendants des contrats d'assurance que chacun d'eux « pouvait passer. Lorsque l'armateur n'a pas cru raisonnable « de faire assurer son navire, il suffit qu'il l'abandonne avec « le fret pour s'affranchir de toute responsabilité des enga- « gements du capitaine ; on ne lui demande rien de plus. « Pourquoi donc, si l'assureur a jugé prudent de se faire « assurer, moyennant une prime plus ou moins élevée « qu'il a payée, pourquoi les prêteurs et les chargeurs « viendraient-ils ravir les fruits d'une sage prévoyance et « recueillir les fruits d'un contrat auquel ils sont demeurés « étrangers ». Je cite ces arguments, non pas pour appuyer l'opinion que j'ai rapportée, elle est certaine ; mais pour la justifier. L'assurance est la contre-partie de la prime ; l'armateur propriétaire ne voulant pas être exposé à perdre la valeur de son navire s'assure, au moyen d'un sacrifice, une garantie. On ne peut le priver du fruit de sa vigilance, ni faire profiter des tiers d'un contrat auxquels ils sont demeurés étrangers. Le ministre de la justice le faisait déjà remarquer, disant : « que la loi ne voulait pas que l'armateur pût être engagé au delà des sommes consacrées à l'expédition ; mais, si l'armateur poussant plus loin la prévoyance, veut se mettre à l'abri, même de cette perte limitée, en assurant son navire, pourquoi renverser ce calcul légitime !

On dit, qu'avec la loi actuelle, le propriétaire a le double avantage d'être libéré par l'abandon, et de conserver une indemnité, qui peut s'élever jusqu'au montant de la valeur du fret et du navire abandonnés. On pourrait l'autoriser à conserver seulement par devers lui, les primes payées.

J'admets qu'il pût être remboursé de ses primes, ce qui avait été proposé en 1841 : on ne voit pas, quand même, pourquoi la prévoyance du propriétaire profiterait à ses créanciers. La fortune de terre serait toujours atteinte par l'abandon de l'indemnité. Si les créanciers étaient assurés, en cas d'un événement de mer, ce serait leur assureur qui en réalité tirerait avantage de la prudence du propriétaire, et serait déchargé de ses risques par l'assureur du propriétaire. Enfin, il y aurait une mesure qui ne tendrait rien moins qu'à décourager les propriétaires de se faire assurer, puisqu'ils pourraient dans de nombreux cas en perdre le bénéfice.

L'indemnité d'assurance n'étant donc pas comprise dans l'abandon, le propriétaire du navire n'aurait pas le droit de retenir la prime (10).

On est d'accord pour reconnaître que la loi du 28 mars 1858 sur les magasins généraux, n'avait pas ainsi que la loi du 10 décembre 1874, porté atteinte, en subrogeant l'indemnité à l'objet assuré dans des cas spéciaux, aux conséquences qu'on tirait des débats de la loi de 1841. La loi de 1874 permettait, dans certains cas, aux créanciers hypothécaires de recueillir le bénéfice de l'assurance, même au

10. Bordeaux, 15 février 1887, R. I, III, p. 416.

cas d'abandon. Les créanciers hypothécaires exerçaient leurs droits sur le produit des assurances qui auraient été faites par l'emprunteur sur le navire, en cas de perte ou d'innavigabilité. En était-il ainsi pour les créanciers privilégiés? la question était controversée. On faisait valoir, avec raison selon moi, que les privilèges sont de droit étroit, et qu'en l'absence d'un texte, on ne peut les étendre d'une chose à une autre. Or, la loi de 1874 ne parle que des hypothèques et pas des privilèges (1)

A la suite de nombreuses plaintes des assureurs, la loi du 10 juillet 1885, « sur l'hypothèque maritime et la saisie des navires », n'a pas reproduit les dispositions de la loi de 1874. Il faut donc conclure de ce silence intentionnel, que les créanciers hypothécaires ne peuvent plus exercer, en aucun cas, leurs droits sur l'indemnité d'assurance due au propriétaire du navire, leur débiteur.

La loi du 19 février 1889 n'est-elle pas venu modifier cette situation? On l'a soutenu (12). Dans la loi de 1889, le législateur a eu pour but de subroger à l'objet assuré l'indemnité d'assurance, de faire de cette indemnité la représentation de l'objet assuré. Cette loi ayant un caractère de généralité, tant par l'idée qui a inspiré le législateur que par son texte, s'étend au droit maritime. Dès lors, si pour les créanciers privilégiés et hypothécaires du navire, l'indemnité étant subrogée à la chose elle-même, l'abandon doit comprendre l'indemnité, ne faut-il pas étendre cette

11. Boistel, n° 1320. — De Valroger, n° 78.

12. Lavigne, *La loi du 19 février 1889 et le Droit maritime*, R. I, t. VIII, p. 189 et suiv. — Darras et Tarbouriech, *Annales de droit commercial*, III, 232.

faveur aux créanciers chirographaires, qui ont un droit de suite, non contesté, sur le navire (art. 190). Le droit principal reconnu aux créanciers titulaires d'un droit réel est le droit de suite, qui leur permet de faire rentrer dans la masse des biens de leur débiteur leur gage, pour se le partager ensuite suivant l'ordre de leurs créances. Les créanciers chirographaires ayant un droit de suite, on peut donc dire qu'ils ont un droit réel rudimentaire, et que, pour eux aussi, l'indemnité d'assurance représente l'objet assuré. L'abandon, pour être libératoire, devra donc comprendre pour eux aussi l'indemnité d'assurance. L'art. 2 ne parle que des créanciers nantis de privilèges et d'hypothèques; c'est que, faite principalement pour des questions civiles, « la loi ne pouvait pas mentionner le droit « exorbitant accordé aux créanciers du vendeur par l'art. « 190 du Code de commerce, elle a donc énuméré tous les « droits réels accessoires, qui contiennent un droit de « suite, sans vouloir exclure ainsi les créanciers qui n'ont « qu'un droit de suite dépourvu de son accessoire habi- « tuel, le droit de préférence » (13).

Cette argumentation, quelque spécieuse qu'elle soit, ne me paraît pas convaincante. J'admets, pour le moment, que la loi de 1889 reconnaît, en faveur des créanciers hypothécaires et privilégiés, la subrogation de l'indemnité d'assurance à la chose assurée; rien ne prouve que l'on dût généraliser la solution. Il n'y a aucune contradiction à ne pas admettre cette solution pour les deux cas; c'est ce que font plusieurs législations étrangères (14).

13. Lavigne, R. I. VIII, p. 192 et suiv.
14. Lyon-Caen et Renault, *Traité*, V, n° 211.

Il me faut maintenant me demander si la loi du 19 février 1889 doit recevoir vraiment l'extension qu'on veut lui donner. Je rappelle rapidement l'origine de cette loi. Il s'agissait de l'organisation du crédit agricole. La commission extraparlementaire avait préparé un projet de loi, où se trouvait un article 16 ainsi conçu : « Tous les privilèges mobiliers s'exercent dans l'ordre de leur classement, sur les indemnités dues par les compagnies d'assurances contre l'incendie, contre la grêle, contre la mortalité des bestiaux et autres risques agricoles ». Le gouvernement fit sien le texte proposé par la commission, tout au moins cet article. Il appartenait au chapitre consacré au nantissement sans déplacement de gage, mais il était déclaré applicable à tout privilège mobilier agricole. Le ministre de la justice fit observer plus tard, qu'il y avait là un principe juste, d'une portée générale, qui serait, avec avantage, détaché du projet de loi relatif au crédit agricole pour faire l'objet d'une loi particulière. Il consentait cependant, pour ne pas retarder la discussion du projet, à ce que l'article continuât à en faire partie. L'observation était juste. Dans le projet proposé par la commission du Sénat, le mot « agricole » avait disparu ; ce projet s'appliquait donc à tous les privilèges mobiliers. Dans un second rapport, en 1887, on étendit les dispositions aux privilèges immobiliers (15). Le 31 janvier 1888, la commission déclara ne plus faire qu'une loi de droit commun, visant tous les droits réels mobiliers ou immobiliers. Le Sénat ayant écarté, au cours des diffé-

15. 1er rapport, *J. off., Doc. Parl.*, Sénat, 1883, *Annexe*, 464 ; 2e rapport, *J. off., Doc. Parl.*, Sénat, 1888, *Annexe*, n° 63.

rentes délibérations, tous les articles ayant trait au crédit agricole, le titre de la loi fut changé et ainsi conçu : « Loi relative à la restriction du privilège du bailleur d'un fonds rural (ceci vise l'art. 1), et à l'indemnité due par suite d'assurances ». Les origines de la loi de 1889 étant ainsi indiquées, voyons les arguments que font valoir ceux qui soutiennent qu'elle a une portée générale.

L'art. 2 est conçu dans les termes les plus généraux ; il doit donc s'appliquer aux assurances maritimes. Je rappelle que la généralité du sens de cette article provient de la suppression intentionnelle du mot « agricole » dans le texte primitif, lors des travaux de la commission du Sénat en 1883; or, à ce moment, la loi de 1874 était encore en vigueur, et il était inutile de modifier la rédaction primitive pour étendre à l'assurance maritime le projet de loi. Il y aurait eu double emploi. La loi de 1885 a abrogé la loi de 1874, est-il admissible qu'au moment où elle entrait en vigueur, les travaux préparatoires n'eussent pas indiqué les motifs qui amenaient le législateur à adopter un système analogue à celui de la loi de 1874. Qu'il n'y ait plus eu, grâce aux nouvelles dispositions, les mêmes griefs à faire valoir, c'est possible, mais il fallait tout au moins indiquer les raisons nouvelles d'étendre la réforme au droit maritime. Bien loin de là, on aurait énuméré, dans le texte, les principales assurances terrestres: assurance contre l'incendie, la grêle ; et on aurait compris, sous la simple dénomination « *autres risques* » les assurances maritimes, une des branches es plus considérables des assurances. La règle *generalia non specialibus derogant* semble bien ici trouver son application. La loi de 1885 a volontairement supprimé la subrogation de l'indemnité d'assurance à l'objet assuré pour les créanciers ayant hypothèque maritime ; la loi de 1889 ayant une portée plus générale ne peut l'abroger. Les principes, les travaux préparatoires, le texte lui-même, me paraissent être en opposition avec la portée qu'on veut attribuer à l'art. 2 de la loi de 1889. Qu'importe alors les paroles de M. Labiche au Sénat, dont on veut tirer argument décisif. Le texte de l'art. 2 parlait : « des indemnités dues par les compagnies d'assurances » ; on le modifia, remplaçant ces mots par ceux : « d'indemnités dues par suite d'assurance contre l'incendie. » Le rapporteur M. Labiche expliquait le changement en ces termes : « nous avons remarqué, dit-il, qu'il pouvait y avoir des assurances, qui n'étaient pas l'œuvre des compagnies, des assureurs qui n'étaient pas constitués en compagnie ; cela a lieu notamment pour les assurances maritimes. Nous avons donc dû substituer à notre première formule celle-ci qui est plus complète » (16).

En parlant d'assurances maritimes, le rapporteur ne me semble avoir indiqué qu'un cas où l'assureur était un particulier, et non avoir voulu dire qu'elles étaient comprises dans la loi nouvelle. Ce serait donner un sens bien important à quelques paroles dites à la tribune, et qui ne trouvent aucun appui dans les travaux de la loi.

Je remarque que, selon la solution que l'on donne à cette controverse, les effets de l'abandon en cas d'assurance du navire, seront tout différents.

16. *J. off.* Sénat, séance du 23 février 1888. *Déb. parl.* 1888, p. 188.

J'indique, que si le navire doit être abandonné avec tous ses accessoires, il doit l'être libre de toutes les charges, privilèges ou hypothèques, qui existent sur lui, sans quoi les créanciers auxquels l'abandon est fait ne recueilleraient pas toute la fortune de mer de leur débiteur, et il y aurait un moyen pour ce dernier de rendre illusoire l'abandon, puisqu'il pourrait le restreindre à la différence entre la valeur du navire et le montant des hypothèques, et de conserver par devers lui une partie de la valeur de ce qu'il abandonnerait.

Droit étranger. — La loi belge énonce, « que le recours du propriétaire ou des copropriétaires contre l'assureur ne sera pas compris dans l'abandon ». Le Code hollandais (art. 321), tranche la question dans le même sens, ainsi que le Code finlandais (art. 17). Le code Chilien dit : que l'armateur ne sera pas non plus tenu de faire abandon de l'indemnité par lui obtenue des assureurs du navire (art. 880). L'art. (880), du Code argentin est rédigé dans le même sens ; mais il parle de l'assurance de l'intérêt dans le navire et le fret. Le Code allemand est muet, mais la jurisprudence allemande statue dans le même sens que la nôtre (17). Il en est de même au Danemark (18). En Italie, Borsari (commentaire de l'art. 311 de l'ancien Code), admettait cette opinion, et c'est ce qui doit être encore admis en présence du silence du nouveau Code. Aux Etats-Unis une décision judiciaire a été rendue, analogue à la jurisprudence européenne (19). Devant la juridiction américaine, les de-

17. *Journal de droit international privé*, 1877, p. 457.

18. Tribunal maritime de Copenhague, 3 septembre 1884. RI. III, p. 348.

19. Cour suprême des États-Unis, 1 mai 1886. RI. II. p. 187.

mandeurs soutenaient qu'il fallait comprendre l'assurance dans l'abandon, car, le propriétaire étant tenu jusqu'à concurrence de la valeur de son intérêt dans le navire, toutes les créances font partie de cet intérêt ; qu'enfin le propriétaire responsable d'un accident aurait intérêt, sans cela, à voir périr le navire pour toucher la créance. Le juge américain, repoussant leur prétention, répondit : que l'assurance ne faisait pas partie de l'intérêt du propriétaire dans le navire ; qu'il y avait là un contrat collatéral et personnel que le propriétaire pouvait ne pas conclure, et qu'il a contracté aux frais de sa fortune de terre.

Ce sont là des raisons que j'ai déjà indiquées. Je les mentionne ici, comme témoignage de l'exactitude des arguments présentés à l'appui de la solution de notre droit. On les retrouverait encore dans les autres décisions de la jurisprudence étrangère. Les mêmes décisions législatives, et les mêmes arguments en leur faveur se retrouvant dans tous les pays, il y a là un fait militant en faveur de la solution adoptée jusqu'à ce jour, qui refuse de comprendre l'indemnité d'assurance dans l'abandon. Je signale encore que les congrès de droit maritime de Bruxelles et de Gênes ont préconisé, aussi, cette solution.

§ II. — Le fret.

L'abandon comprend, outre le navire, le fret gagné par celui-ci. Le fret, en effet, est un accessoire du navire, compensant pour partie l'usure que celui-ci subit par suite de la navigation. C'est un fruit, un produit du navire, une partie du tout que l'armateur a livré aux risques de mer. Le propriétaire pouvant se libérer des risques encourus par lui en abandonnant le navire, il était juste qu'en compensation d'une telle faveur, son abandon comprit le fret, son accessoire. Il serait inique que le propriétaire, se déchargeant des risques de l'expédition, en conservât les profits ; qu'il s'enrichît aux dépens des créanciers auxquels il fait abandon.

Si c'est comme accessoire du navire que le fret doit être compris dans l'abandon, il est évident, dit-on (20), que le fret à abandonner sera celui qui se rapporte au dernier voyage. Les autres frets font partie de la fortune de terre du propriétaire, ils sont *in bonis*. et on ne saurait exiger qu'il les comprenne dans l'abandon. Par dernier voyage, il faut entendre celui dont le fret est encore dû, qu'il ait été ou non payé d'avance, qu'il soit restituable ou pas ; bref, le fret à abandonner est le fret pendant au moment de l'abandon (21). Cette détermination du fret à abandonner est précise ; cependant, il faut reconnaître qu'elle n'est pas admise par tout le monde, et que certaines objections ont été présentées.

Les créanciers ont fait crédit, dit-on, au navire précisément parce qu'ils comptaient sur un fret déterminé ; or, il sera loisible au propriétaire de tromper leurs espérances, en faisant naviguer pour un fret très modique le navire, s'il prévoit des poursuites. Les créanciers pourront toujours prouver la fraude. L'objection qui consiste à dire que les créanciers ont eu en vue le fret du navire ne s'applique

<hr>

20. Cresp. I, p. 630 ; Desjardins, n° 289.
21. Caen, 19 février 1888. Rf. IV, p. 396.

qu'au cas d'engagements, et la solvabilité du propriétaire me paraît être, plus souvent, le motif déterminant du prêt. Les inconvenients sont d'ailleurs moindres, semble-il, que dans le système opposé. Que propose-t-on? on dit le fret à abandonner, c'est « le fret mérité à la fin du voyage au cours duquel l'obligation est née » (22). Rien n'indique que telle ait été la pensée des rédacteurs du Code de commerce. Le premier système paraît plus rationnel. Je remarque, en outre, que s'il y a à craindre des fraudes avec ce système, fraudes possibles, je ne le nie pas, ici, il y aurait en cas de plusieurs créanciers un règlement de compte souvent délicat, si toutes les créances ne remontaient pas au même voyage, le fret à abandonner variant avec chaque voyage. La complication serait très grande, si, les frets ayant été perçus, l'armateur était devenu insolvable.

Le projet de la commission de 1867 adoptait cependant le second système. Le congrès international de 1888 à Bruxelles avait adopté la rédaction suivante : « le fret à abandonner est le fret brut du voyage en cours au moment où l'obligation est née » (23). C'est la même formule que je trouve dans la jurisprudence Belge. Elle est également admise en Allemagne.

J'ai déjà eu l'occasion de parler de la loi du 12 août 1885, d'indiquer les dérogations qu'elle apportait, dans les derniers alinéas, aux idées générales de l'article 216. Ici encore, la loi nouvelle innove dans un cas particulier. Si le propriétaire fait abandon à l'État, aux cas d'échouement, naufrage, etc., prévus par le 1ᵉ alinéa, celui-ci n'aura droit, qu'au fret

22. Anvers, RI. VIII, p. 138; Jacobs, n° 72.
23. *Actes du Congrès de 1888*, p. 255.

des marchandises à bord. On avait même demandé qu'en pareil cas, l'abandon du fret n'ait pas lieu ; on s'est contenté de le restreindre dans les limites les plus étroites. Il a semblé possible et juste, de limiter le fret à abandonner au prix du transport des marchandises chargées sur le navire au moment où l'accident est arrivé. La loi s'est montrée, il faut le reconnaître, très favorable au propriétaire de navire dans ses nouvelles dispositions. Quelle est ici la portée de cette modification ?

Doit-on admettre que le législateur a voulu consacrer le second système que j'ai exposé plus haut. Rien, dans les travaux préparatoires, ni dans le texte, ne permet de le dire, je crois qu'on n'a pas songé à trancher la question de savoir, quel est le fret à abandonner ; mais, en parlant de marchandises à bord, on ne visait que le cas spécial du 4° alinéa, et l'on songeait que la charte-partie pouvait comprendre diverses échelles, sans qu'il y eût pour chaque traversée, un fret distinct. Vis-à-vis d'un créancier ordinaire, en pareille circonstance, l'abandon du fret de toute la traversée en cours se serait trouvé nécessaire ; ici, au contraire, il pourra conserver le fret des marchandises déjà débarquées.

S'il y a traversées multiples, le fret de la traversée en cours sera seul dû aux créanciers : les autres frets sont entrés dans la fortune du propriétaire ; ils ne sont plus l'accessoire du navire. S'il est dû autant de frets qu'il y a de relâches, on considère, au point de vue qui m'occupe, qu'il y a plusieurs voyages distincts. Pour déterminer quand commence le dernier voyage, il faudra dans tous ces cas, s'en rapporter à la charte-partie.

Le fret peut être fixé pour un temps déterminé, une année

par exemple, je pense que le propriétaire devra abandonner une part proportionnelle à la durée du dernier voyage (24).

Le navire peut être affrété pour l'aller et le retour ; s'il y a eu deux frets convenus, distincts pour chaque traversée, aucune difficulté. Il y a là deux voyages distincts, et le premier fret sera acquis au propriétaire, alors même que, faisant abandon au retour, il agirait ainsi pour se couvrir d'engagements ou faits se rapportant au voyage d'aller.

Il arrive parfois qu'il n'est stipulé, pour l'ensemble des deux voyages, qu'un seul fret pour la traversée de retour. On dit alors qu'il y a affrétement en travers. Je suppose que l'abandon ait lieu au cours du premier trajet, devra-t-on considérer que le propriétaire a satisfait pleinement aux dispositions de l'art. 216, s'il remet le navire à ses créanciers ? Faudra-t-il, au contraire, exiger de lui l'abandon d'une somme représentant le fret, somme établie à l'aide d'une ventilation ? dans le premier sens, on dit qu'il n'y a pas de fret dû au propriétaire ; bien plus, que, si le navire venait à périr dans le voyage de retour, il ne serait alors dû aucun fret ; qu'il y a une convention faite entre les parties et qu'on n'a pas le droit de l'interpréter en scindant le fret que les parties ont établi à forfait. (25)

Je crois, néanmoins, qu'il faut se prononcer dans le second sens. Ce sera plus équitable, et, il me paraît, plus conforme aux principes.

Les créanciers ont droit de compter sur un fret, c'est la règle générale, et, s'il y est dérogé ici, il y a là une clause

24. Jacobs, n° 99.
25. Lyon-Caen et Renault. *Traité* V, n° 231 ; Laurin sur Cresp. I, p. 628 ; Desjardins, n° 289 ; M. 1862, 2. 246.

particulière de la charte partie, qui ne peut leur porter préjudice. Enfin la Cour de Cassation a jugé, avec raison, dans un arrêt du 10 juin 1879 (26), « qu'en principe toute marchandise, transportée par mer, devait un fret », et, que « le principe général, écrit dans l'art. 1165 C. civ., devait trouver ici son application, et limiter l'effet de la convention aux rapports de l'armateur et des chargeurs : d'où il suit qu'à l'égard de l'administration de la marine, le fret devait être considéré comme dû ». Ainsi la Cour suprême pose en principe, semble-t-il, que la convention, faite au sujet du fret, n'est pas opposable au tiers. Je me rallie à ce système. Il faut, en outre, observer que le fret en pareille circonstance, est établi en tenant compte du double trajet et se trouve, par suite, plus élevé, qu'on peut donc considérer qu'en réalité une part de fret revient bien au voyage d'aller.

Il est juste de reconnaître que le système que j'adopte va faire naître une difficulté au cas d'abandon, lors du voyage de retour ; devra-t-on, alors, s'en tenir purement à la convention ? N'y aura t-il pas quelque chose d'arbitraire à l'interpréter ainsi, tantôt dans un sens tantôt dans un autre. Ne semble-t-il pas qu'on fait une faveur trop grande aux créanciers en appliquant purement la convention, ou bien doit-on recourir encore à une ventilation. Je crois que cette dernière solution s'impose. Il y a là une convention particulière qui ne peut, ni nuire, ni profiter aux tiers (art. 1165). De l'idée que toute marchandise doit un fret, et de l'art. 1165, les solutions que je viens d'indiquer, en cas d'affrètement en travers, me paraissent s'imposer.

Le propriétaire du navire est le même que celui de la

cargaison ; devra-t-il se contenter de faire abandon du navire ? Toute marchandise doit un fret : à cela, M. de Courcy (27) répond qu'il n'y a aucune raison d'équité à admettre un fret fictif ; que les créanciers n'ont dû compter sur aucun fret ; que ce qui domine chez le propriétaire, c'est l'idée de spéculation sur les objets transportés. Il faut répondre qu'il y a un avantage, un bénéfice dans l'opération, et que, du moment où le propriétaire se libère des charges de l'expédition, il doit en abandonner tous les bénéfices ; or, le non-paiement d'un fret, l'économie qui en résulte, est un avantage fait à la masse de ses biens, et c'est cette masse qui doit un fret à la partie de sa fortune livrée aux risques de la spéculation maritime. Quant au fret, ainsi payé, il sera facile de l'établir en recourant aux cours de la place pour les frets au moment du chargement, cours que doivent dresser les courtiers (art. 80. C. co.).

Le propriétaire peut armer pour la pêche : le produit de la pêche représentera le fret (28). Je pense qu'il y a lieu de distinguer selon la nature de la pêche. Le propriétaire d'un navire armé pour la grande pêche me paraît devoir abandonner tout le bénéfice de l'expédition ; celle-ci peut être assimilée à un voyage, et le produit en est le fret. Pour la pêche côtière, je pense qu'il faut considérer chaque sortie comme un voyage distinct.

Le prix de transport des passagers sera encore considéré comme un fret ; car c'est un des bénéfices de la navigation accomplie par le navire (29).

27. De Courcy. *Questions de droit maritime*, I, p. 136 et 293 ; *contra* : Desjardins, n° 289 ; Lyon-Caen et Renault. *Précis*, n° 1670 ; Jacobs, n° 72.

28. D. 1876. 1. 210.

29. D. 1853. 2. 61.

Les gens de l'équipage ont été engagés au profit ou au fret : quel sera l'effet de cette convention au point de vue de l'étendue de l'abandon? M. Laurin (30) soutient qu'en pareil cas, la part attribuée aux marins doit faire partie de ce qui revient aux créanciers. Pour lui, le matelot et le propriétaire sont associés ; il y a là une part du fonds social que l'abandon doit comprendre tout entier. Je crois qu'il faut repousser l'opinion de cet auteur. C'est un mode de rémunération particulier, un contrat de louage de service usité dans le commerce maritime, bien plus qu'une association. Jamais l'idée d'association n'a existé, ni chez le propriétaire, ni chez les gens de l'équipage. La subordination de ces derniers à l'égard de l'armement répugne absolument à cette idée de société. La tradition combat aussi l'opinion de M. Laurin. De tout temps, ce mode d'engagement a été considéré comme un loyer (31). Valin paraissait l'admettre sans conteste ; enfin, l'art. 260, C. co. qualifie également de loyer la part touchée par le matelot, engagé au fret. En admettant même qu'il y ait association, les parts appartiendraient au marin qui seul aurait le droit d'en disposer. Il faudrait dronc qu'il en fasse abandon ; or, ses salaires fussent-ils une part du fonds social, rien n'empêche de stipuler une solde dans une association, et cette solde serait aussi bien insaisissable qu'un loyer ; dès lors, la loi (32) déclarant insaisissable comme étant des salaires ces portions de parts de fret, et en faisant un principe d'or-

30. Laurin sur Cresp, I, p. 632.
31. Ordonnance de 1681. L. V, T. 3.
32. Ordonnance de 1745, § 2, et décret-loi du 4 mars 1852, art. 1.

dre public, comment se pourrait-il qu'il y ait obligation pour les marins à se dépouiller d'un salaire, qui leur est garanti par la loi, pour limiter la perte du propriétaire.

Si le capitaine s'est engagé à supporter les dépenses de la navigation, moyennant l'attribution d'une partie notable du fret, il y a là un véritable compromis de navigation. Cette portion ne doit pas être comprise dans l'abandon (33).

J'ai indiqué, plus haut, que le copropriétaire pouvait se libérer, malgré l'avis de ses associés, en abandonnant sa part dans le navire. Il devra également faire abandon de sa part du fret.

Je rappelle également que, pour moi, la navigation de plaisance a droit d'invoquer le bénéfice de l'art. 216 : il n'y a pas d'abandon de fret, en pareil cas.

Est-ce le fret net ou le fret brut, dont on doit faire abandon ? c'est-à-dire est-ce le fret avec déduction des charges afférentes à la dernière traversée ou bien est-ce le fret porté à la charte-partie et au connaissement. En faveur de l'abandon du fret brut, on fait valoir que la loi, en parlant du fret n'a fait aucune distinction, et que quand on parle de fret, on parle du loyer du navire, et non de ce loyer déduction faite des charges ; que c'est là le langage aussi bien de la pratique commerciale et maritime que du législateur ; que les charges pouvant dépasser le fret, ce serait une satisfaction illusoire ; que d'ailleurs les avances faites par le propriétaire ont été livrées aux risques de mer comme les avances

33. De Valroger, n° 266.

de l'armement (34). Cette opinion qui paraît adoptée par la jurisprudence est combattue par plusieurs auteurs (35).

Si le propriétaire, disent-ils, devait abandonner le fret brut, puis solder ensuite les dépenses qui sont la charge du fret, il arriverait que sa fortune de terre serait ainsi atteinte. La loi, en disant le fret, n'a pas fait de distinction, c'est exact ; mais il ne faut pas perdre de vue cette idée : la loi a voulu seulement que le propriétaire pût par l'abandon de tout bénéfice, se libérer, ce qui aura lieu dans le présent système ; mais elle veut lui éviter toute perte ; or, en abandonnant le fret brut, le propriétaire serait en perte. Quant à parler de satisfaction illusoire au cas où les charges dépassent le fret, il n'y a rien de contraire à l'idée de la loi ; car malheureusement les cas sont nombreux, en dehors de celui qui m'occupe, ou le créancier n'aura qu'un dédommagement purement platonique. Il faut remarquer que, même dans ce cas, il ne pourra retenir que les dépenses afférentes au fret à abandonner, c'est-à-dire, ainsi que je l'ai indiqué au fret pendant, mais celles se rapportant au fret des voyages antérieurs demeurent à sa charge.

Je considère la première opinion, comme préférable. Sans parler de l'expression fret, qui conserve bien son sens général, sans qu'aucune restriction vienne l'atténuer, je considère que l'idée de notre article est que le propriétaire doit

34. De Valroger, n° 265 ; Rennes, 5 mars 1868 et 31 mai 1869. D. 1870. 2. 176 et 197 ; — Cass., 8 mai 1870. D. 1870. 1. 325 ; — Caen, 15 février 1888, R I. V. 189.

35. Lyon-Caen, Renault. *Précis*, n° 1668 ; — Boistel, n° 1180 ; — Desjardins, n° 289 ; M. 1866. 1. 54.

abandonner, tout ce qu'il a livré aux risques de mer, car il me semble difficile de nier que les sommes qu'il a déboursées pour entretenir le navire, l'approvisionner, payer le solde de ses équipages, ne soient pas une partie de la masse qu'il entendait risquer, et, à l'objection qu'on entame ainsi sa fortune de terre, je réponds que ces sommes n'en faisaient, en réalité plus partie, qu'il avait ouvert un crédit sur elles à l'expédition maritime, et que les sommes engagées pour celle-ci devaient toutes avoir le même sort.

A part le fret, il se trouve encore d'autres sommes qui sont touchées par le propriétaire, à l'occasion du navire, doit-on les considérer comme accessoires du fret, et dire qu'il faut en faire abandon.

L'assurance du fret est aujourd'hui permise par la loi du 12 août 1885 ; il n'y a pas de difficulté sur ce point. Il ne peut être question d'abandon. J'ai développé les raisons au sujet de l'assurance du navire.

Il arrive que la charte-partie contient une stipulation connue sous le nom de chapeau du capitaine, c'est-à-dire qu'il est convenu que l'affréteur paiera tant pour cent pour droit de chapeau. Il est généralement admis qu'il y a là comme un accessoire du fret, à moins de convention particulière l'attribuant au capitaine ; il appartient à l'armateur. Cette somme fera donc partie de l'abandon (36).

Plus grande est la difficulté au sujet des primes payées à l'armement. Ces primes instituées par la loi du 29 janvier 1881, renouvelées par celle du 15 janvier 1893 sont payées à l'armateur en raison de l'âge du navire et de la route parcourue, leur but était de venir en aide à la marine mar-

36. H. 1860.1. 98.

chande et de favoriser son développement. Doit-on attribuer ces primes aux créanciers abandonnataires, ou les
déclarer acquises sans retour au propriétaire armateur ?
Dans ce dernier sens, on fait valoir qu'il y a là un avantage personnel à l'armateur français, un encouragement
qui perdrait ses effets et serait détourné de son but si ces
primes devaient être abandonnées ; car il arriverait qu'elles
passeraient, par suite de cet abandon, à d'autres industries,
et parfois à des personnes de nationalités étrangères. Les
adversaires se hâtent de répondre qu'il y a là un des produits
de l'expédition, et que la pensée de la loi est bien que tous
les bénéfices en reviennent aux créanciers abandonnataires ;
qu'il y a là comme un fret supplémentaire, d'une nature
spéciale, puisqu'il est calculé comme le fret sur le nombre
de jours de navigation et sur l'âge du navire ; que ces primes servent à compenser l'abaissement des frets. M. de
Courcy, enfin, ajoute qu'il serait profondément immoral et
choquant que l'armateur s'appropriât cette prime, gagnée
par le capitaine, précisément quand il s'affranchit des engagements de celui-ci. Il dit encore, que le propriétaire doit
abandonner toute sa fortune de mer et que ces primes en
font certainement partie (37).

La première opinion me paraît préférable et plus conforme au caractère de ces primes. Pour qu'on puisse dire
qu'elle est un produit de l'expédition, il faudrait que, dans
l'idée du législateur et de l'armateur, elle ne serve qu'à par-
faire la somme livrée aux risques de mer. Or, c'est parce
que l'armateur hésite devant ceux-ci, que, pour le décider

37. *Questions de droit maritime* III, p. 59.

à s'y exposer, l'Etat lui remet une somme qui sera à lui à tout événement, augmentant son bénéfice ou diminuant sa perte ; car quel serait l'avantage du propriétaire, et en quoi la primo serait-elle un encouragement, s'il savait qu'au cas d'évènement malheureux pour lui, il perd également la prime.

Comment se fait l'abandon du fret ? Que le fret soit encore dû ou qu'on s'en soit libéré aux mains du propriétaire, il n'y aura aucune difficulté ; l'abandon sera toujours possible, et point n'est besoin de parler de « fret perçu ou à percevoir » comme le projet de 1867. Si le fret a été touché, il sera livré par le propriétaire, son consignataire ou son ca_ pitaine, aux créanciers. Si l'affréteur ne s'était pas encore acquitté de sa dette, le propriétaire subrogerait purement et simplement ses créanciers dans ses droits. Il n'aurait aucune responsabilité à encourir pour l'insovabilité del'affréteur, sauf si elle provenait de son fait, par exemple s'il avait été négligent dans le recouvrement de son dû. Il arrive souvent que les affréteurs paient entre les mains soit du consignataire, soit du capitaine. Si le consignataire a dissipé le fret, comme il est le mandataire du propriétaire, celui-ci comme tout mandant sera responsable. Que dire, quand c'est le capitaine du navire qui se l'est approprié ? Celui-ci aura touché en vertu d'un mandat spécial, le propriétaire ayant invité ses créanciers à s'acquitter entre ses mains, et il a dissipé l'argent ; il aura payé des dettes du propriétaire, qu'elles fussent personnelles à celui-ci, ou qu'elles intéressassent l'expédition, avec le fret, même perçu sans autorisation spéciale : il sera alors gérant d'affaires, et les créanciers auront recours contre le propriétaire dans l'intérêt duquel il aura agi. Dans tous les cas, en résumé, ou il y aura un mandant spécial, le propriétaire sera tenu comme un mandant ordinaire, et ne pourra user de l'art. 216, ou, au contraire, le capitaine a touché, sans qu'on pût voir un mandat spécial, en vertu de ces pouvoirs généraux que lui confère la loi, il y aura là simplement exécution de son mandat légal, dont les effets sont expressément déterminés par le Code de commerce, et dont l'art. 216 permet d'éluder les conséquences (38). Il faut bien reconnaître que l'acte de percevoir le fret, de la part du capitaine, rentre bien dans la dénomination générale des faits. On fait observer que, si l'action en responsabilité du mandant est interdite aux créanciers contre le propriétaire en vertu de l'art. 216, ils ne peuvent pas, non plus, agir par voie d'action directe et personnelle puisque le fret qui leur appartient en leur qualité d'abandonnataires, n'a pas passé entre les mains du propriétaire (38).

Le copropriétaire n'aura en cas d'abandon partiel, qu'à abandonner une part de fret correspondant à sa copropriété. Je note encore que le fret à abandonner est celui touché par le propriétaire, et non le sous-fret payé à l'armateur qui avait affrété le navire, en bloc, au propriétaire.

D'après l'art. 1290 (C. civ.) la compensation entre deux dettes liquides et exigibles qui ont coexisté s'opère de plein droit. Dès lors, je suppose que parmi les créanciers abandonnataires, l'un d'eux soit débiteur vis-à-vis du propriétaire, devra-t-on considérer ici la situation comme analogue à la faillite et dire qu'il n'y a pas lieu à compensation ? faut-il

38. Gonze, *Revue critique*, 1873, p. 431.

au contraire, autoriser la compensation? Je considère la question comme n'étant pas douteuse. L'art. 216 n'a pour but que de secourir le propriétaire; il n'apporte aucune modification à la théorie du Code civil sur la compensation. Le Code de commerce n'a rien voulu organiser de semblable à la faillite; il n'a certainement pas pensé à maintenir l'égalité entre les créanciers. Il faut donc reconnaître que la compensation est parfaitement applicable.

Droit étranger. — Sur la question de savoir quel fret on doit abandonner, les lois et la jurisprudence étrangères admettent, en général, que c'est le fret du voyage au cours duquel l'obligation est née. Le Code chilien (art. 880) parle du fret touché ou à toucher pour le voyage auquel les dits actes et obligations se rapportent. C'est la même formule que je rencontre dans le Code argentin (art. 879) et dans le Code brésilien, En Belgique, la jurisprudence a adopté la même solution (39). Elle déclare que le fret à abandonner est le fret net, le bénéfice qui compense l'usure et paie la jouissance du navire (40).

Quand le propriétaire du navire, l'est aussi de la cargaison, en cas d'abandon, le Code chilien dit expressément : qu'on doit y comprendre le fret correspondant évalué par experts.

---

39. Anvers, 15 février 1884. A. 1884. 1. 119.

40. Jacobs, n° 72; Bruxelles, 21 novembre 1884. Pas. 1885. 3. 39; Anvers 23 juillet 1892 et 28 janvier 1893. R I. VIII, p. 131 et 587.

CHAPITRE VI

Sous le régime de l'ordonnance de 1681, il n'y avait aucune forme spéciale. Emérigon nous le dit (1). Le Code a imité le silence de l'ordonnance (2). Le propriétaire du navire peut donc employer telle forme qui lui conviendra pour avertir son créancier de son intention d'abandonner, pourvu que les termes soient nets et précis, ainsi il ne me paraît pas douteux que par simple correspondance on pourrait notifier son intention ; il n'y a, en effet, aucune raison pour ne pas appliquer l'art. 109 du Code de commerce. Il sera plus prudent, en pareil cas, de recourir à un officier ministériel : un exploit d'huissier, un acte notarié rempliront le même but.

Droit étranger. — Dans certains pays, la loi a réglé cette question de formes, souvent même avec minutie. Le code hollandais (art. 321) décide que l'abandon doit être fait par acte notarié. Le code italien (art. 492) n'est pas moins explicite : il règle minutieusement cette formalité. Il faut une transcription de la déclaration d'abandon sur les registres de l'office de la marine. En second lieu, il faut

1. Emérigon, *Contrats à la grosse*, p. 489.
2. S. 1857. 1. 837.

la notifier aux créanciers inscrits sur les registres ou sur l'acte de nationalité, s'ils n'ont pas assigné ou sommé de payer. Dans le cas contraire, il faut leur notifier l'abandon par acte d'huissier et cela dans les huit jours. Le code chilien (art. 888), exige que l'abandon soit fait par acte public et notifié aux créanciers. Le code argentin se borne, lui aussi, à énoncer que l'abandon doit être constaté au moyen d'un instrument public. Au Brésil, il n'y a ni formes, ni délais exigés (3). En Belgique, la loi n'a soumis l'abandon, quand à la réalisation et à la déclaration, à aucune formalité (4).

Le projet de réforme de 1867 admettait un système semblable au droit italien. Si l'abandon avait lieu avant toute poursuite, il fallait un acte au greffe. Les poursuites étaient-elles commencées, il fallait dans la huitaine un exploit. Il en aurait été de même, au cas où les créanciers n'auraient adressé au propriétaire qu'un simple commandement. Je pense qu'il y aurait, en effet, avantage à exiger une déclaration sur un registre *ad hoc*, et à parties par un officier ministériel. Le délai de huitaine du code italien et du projet de 1867 me paraît un peu bref seulement. D'une façon générale, le Code de commerce, en accordant l'abandon, n'a pas suffisamment réglé ses conditions d'exercice.

Jusqu'à quel moment l'abandon peut-il être fait? La réponse d'une façon générale doit être la suivante : le propriétaire peut faire abandon tant qu'il ne résulte pas de ses actes qu'il y a renoncé. Il n'y a pas de délais qui lui

---

3. *Suprême tribunal de justice*, 14 août 1889. RI. V. p. 534.
4. Bruxelles, 12 février 1885. Pas. 1885. 2. 181.

soient impartis pour faire connaître son intention : il n'y a
aucune prescription à encourir. Le propriétaire doit avoir
manifesté, tacitement ou expressément, l'intention de renoncer à cette faculté (5).

Si une instance était déjà pendante, au sujet des engagements ou des faits dont le propriétaire est responsable,
celui-ci pourrait notifier son abandon par conclusions prises
au cours de l'instance. Même, s'il avait déjà conclu au
fond, il pourrait prendre des conclusions subsidiaires (6).
Je crois que même si le propriétaire avait été condamné en
première instance, il pourrait invoquer son droit d'abandon
pour la première fois en appel.

La faculté d'abandon n'est pas, comme on l'a fait remarquer, une exception qu'il faille opposer *in limine litis,*
c'est un mode de libération. Le propriétaire peut, toujours
user de ce procédé, tant qu'un résultat contraire n'est pas
acquis. Il pourrait, en principe, l'opposer en cassation (7).
Il est bien évident qu'au cas où le propriétaire aurait
été condamné, sous réserves qu'il aurait faites de faire
abandon, ou s'il a manifesté pour la première fois son intention en appel, les frais sont à sa charge ; ceci, pour un
double motif : ayant succombé, c'est à lui qu'il incombe
de payer les frais de libération ; et de plus c'est toujours le
débiteur qui supporte les frais de libération ; or, le jugement sur l'arrêt qui le déclare libéré par l'abandon cons-
titue bien son titre de libération.

Il a été jugé, que s'il y avait jugement définitivement

5. Lyon-Caen et Renault. *Précis.* N° 1675 ; — Caen, 9 février 1888.
RI. IV. p. 398; — *Recueil des arrêts de Rouen et Caen.* 1882. 2. 153.
6. D. 1874. 2. 193; M. 1892. 1. 1. 201.
7. Lyon, Caen et Renault. *Précis,* n° 1676.

acquis, le propriétaire (8) ne pourrait plus être admis à faire abandon ; il s'est laissé condamner personnellement. Il y a un engagement résultant de son fait personnel. On ajoute que, si l'on comprend qu'il n'offre pas l'abandon en ordre principal, dès lors qu'il conteste sa responsabilité, il devrait le faire au moins en ordre subsidiaire et permettre au juge de déclarer cette offre satisfactoire.

Je crois que la faculté d'abandon continue d'exister pour le propriétaire. Il y a là, comme je l'ai indiqué, un mode de libération, et le jugement qui établit la dette n'implique nullement que le propriétaire ait renoncé à se prévaloir de ce mode de libération : il était en droit de se considérer comme à l'abri de toute responsabilité, et s'il s'est trompé sur l'existence des charges qui pèsent sur lui, il n'y a pas là de quoi induire qu'il a entendu se priver d'une faveur que la loi lui a concédée. Il est naturel de ne pas recourir à l'abandon, aussi longtemps que subsiste l'espoir de n'y trouver aucun avantage, et par suite, aussi longtemps que la question de responsabilité n'est pas vidée à l'amiable ou en justice. C'est ce qu'a parfaitement jugé le tribunal de commerce d'Anvers : « On ne saurait imposer aux propriétaires de navire l'obligation d'exercer le droit d'abandon, alors que leur responsabilité n'est pas encore établie, et qu'ils se trouvent dans l'impossibilité de connaître quel sera le sort de l'action qui leur est intentée (9). Quant au reproche de n'avoir pas conclu subsidiairement à l'abandon, il est juste de dire qu'il faut qu'il connaisse l'étendue

8. M. 1869. 1. 209.
9. Anvers, 28 janvier 1893. A. 1893. 1. 119 ; D. 1874. 2. 193.

de sa responsabilité pour savoir s'il doit faire abandon, et que par conséquent, il ne peut en faire offre par conclusions subsidiaires.

Il peut arriver que le propriétaire ne puisse opposer l'abandon, par suite d'actes accomplis par lui, actes de renonciation expresse ou bien actes où l'on puisse voir une renonciation tacite (10).

Il sera très rare que le propriétaire renonce expressément à cette faculté que lui a concédée la loi. Cette renonciation ne présente pas de difficulté. La renonciation tacite est une question de fait, qui demeure du domaine des juges. Ils auront souvent à donner une interprétation, délicate, difficile. Je remarque qu'il ne s'agira pas du cas fréquent où le propriétaire, soit parce qu'il avait donné un mandat spécial, soit qu'il avait concouru aux engagements et participé aux faits, aura perdu le droit d'invoquer l'art. 216. Il faut supposer que, le droit d'abandon étant né, le propriétaire se voit refuser ce droit, par suite d'actes ou d'engagements postérieurs au temps où ce droit d'abandon a pris naissance. Il me faudrait m'astreindre à une longue énumération d'arrêts et de citations, si je voulais examiner tous les cas qui se sont présentés devant les tribunaux. Je crois qu'il faut formuler ainsi l'idée qui doit guider dans l'interprétation des différentes espèces : il faut un fait précis duquel on puisse induire qu'il a entendu renoncer à faire usage de son droit, une renonciation tacite ne devant pas se présumer. Il me faut distinguer, sous le nom de renonciation, deux situations bien distinctes, la ratification et la renonciation proprement dite.

10. Caen, 15 février 1889. S. 1889, 1, 132.

Il y a ratification quand le propriétaire fait sien l'engagement contracté par le capitaine. On considère alors qu'il s'est engagé lui-même. Il en serait ainsi si le propriétaire donnait son approbation à des lettres de change tiréessur lui par le capitaine. Il en serait encore de même si le propriétaire avait remis des lettres de crédit. Il se serait ainsi associé par avance aux engagements que pouvaient contracter le capitaine. Je citerai le cas d'emprunt à la grosse quand le propriétaire, se trouvant sur le lieu du sinistre, connaissait les réparations à effectuer (11), et la nécessité d'un emprunt à la grosse dont il avait suivi les négociations. Je crois qu'il en serait de même au cas d'un billet de grosse auquel le propriétaire se serait contenté de mettre son approbation. Je crois que cette approbation ne confère pas seulement un privilège sur le corps du navire (art. 321 C. co.), mais que, comme l'a expliqué M. Bedarride, le propriétaire ne pouvant, selon l'esprit de l'art. 216, invoquer son ignorance de cet emprunt, doit être considéré comme l'ayant autorisé. Mais il ne suffirait pas que le propriétaire ait eu connaissance des actes du capitaine puisque l'on peut inférer qu'il a renoncé à se prévaloir de l'art. 216. Il en serait ainsi si le propriétaire avait donné des indications à son capitaine pour faire procéder à des réparations, tout en déclarant vouloir rester étranger à toute détermination du capitaine (12). Si le bénéfice de l'assurance ne peut faire partie de l'abandon, rien ne s'oppose à une cession de police de la part du propriétaire. Faut-il y voir une renonciation au droit d'abandon? Je ne le pense pas. Cette

11. D. 1861, 2, 161.
12. II. 1874, 2, 119.

façon d'agir n'implique nullement une renonciation. Si le propriétaire avait voulu accepter la responsabilité pleine et entière, à quoi bon cette renonciation! Quel en serait l'avantage pour le créancier? Il semble plutôt, au contraire, qu'il y a là une intention bien marquée de ne pas répondre au delà de ce qui pourrait être recouvré, assurance comprise : décider le contraire, ne serait-ce pas nuire d'avantage aux créanciers auxquels le propriétaire hésiterait toujours à céder l'assurance s'il avait à craindre qu'on en tirât pareille conséquence.

On a cité, parfois, parmi les cas de ratification, des cas où le propriétaire ne serait pas tenu de la ratification, parce que le capitaine a excédé son mandat (13). Je crois qu'il y a ici une erreur qu'il faut redresser. Ici, le propriétaire, en faisant sienne l'obligation contractée par le capitaine, ne renonce nullement à la faculté d'abandon, car il n'a jamais eu à s'en prévaloir puisque le capitaine n'agissait pas en vertu de son mandat général. Il s'engage seulement par la ratification de la conduite de son capitaine, mais il ne renonce nullement à la garantie qu'il avait.

A côté des actes de ratification, il y a ceux de renonciation proprement dite. Le propriétaire paraît, en les accomplissant, préférer la conservation du navire et du fret et l'acquittement intégral de la dette. C'est ce qui se produira quand, à la suite d'une faute du capitaine, le propriétaire aura, par sa conduite, paru en accepter la responsabilité. On ne peut, en effet, ratifier une faute. Je l'ai dit : il y a là une pure question de fait. Parmi les actes du propriétaire que la jurisprudence n'a pas voulu regarder comme une renon-

13. Desjardins, n° 284.

A   13.

ciation à son droit d'abandon, je citerai le règlement d'a-
varies, provoqué par le capitaine, arrivé hors du lieu de la
demeure du propriétaire, et sans sa participation. Il en serait de même au cas où un propriétaire aurait exercé des
poursuites contre le propriétaire du navire qui a abordé le
sien (14). Il a encore été décidé que la renonciation ne ré-
sulterait pas de la tentative de renflouement qui aurait été
faite, ni des travaux éxécutés pour connaître l'état du navire ; c'est un acte de bonne administration dont on ne peut
lui faire grief (15).

Dans d'autres actes du propriétaire, la jurisprudence a
vu une renonciation. Je citerai la vente volontaire. Le propriétaire, ayant vendu son navire volontairement, ne peut
se libérer puisqu'il n'en a plus la possession, et que, d'un
autre côté, il est certain que l'abandon de la valeur n'est
pas admise par notre loi. Il y aurait souvent là un moyen
de frauder les créanciers (16). La décision serait-elle encore
la même, dans le cas où la vente aurait eu lieu avant la demande en justice du créancier ? La situation du propriétaire
est bien plus favorable, la fraude est moins à redouter, et
cependant je crois qu'il faut encore, par les motifs que je
viens d'indiquer, refuser toute faculté au propriétaire de
faire abandon (17).

La saisie du navire ne suffirait pas pour empêcher d'invoquer cette faveur, la saisie, font remarquer plusieurs au-

14. 1872, 2, 128.
15. Tunis, 9 mars 1889. R. I, V, p. 139 ; Alger, 15 mars 1890. R. I.
VI, p. 35.
16. Caen, 7 janvier 1878. H. 1878, 2, 176.
17. R. I, IV, p. 296 ; VIII, p. 665.

teurs ne produit pas expropriation, mais simplement séquestration. Il en sera de même, chaque fois qu'on ne se trouvera pas en face d'un résultat irrévocablement acquis (18). La vente judiciaire poursuivie sans le consentement et la participation du propriétaire du navire n'est pas une renonciation à son droit d'abandon, mais il n'en serait plus de même s'il avait laissé poursuivre contre lui cette vente ou opérer la distribution du prix contradictoirement.

Plus délicate est la question de savoir si le propriétaire qui connaissant les engagements ou les faits de son capitaine, fait entreprendre à bâtiment une nouvelle expédition perd par là même, le droit d'opposer l'abandon. Il faut distinguer : s'il n'y a pas eu de demande, il est sans difficulté qu'il peut toujours opposer l'art. 216 ; car il n'était pas en demeure de faire abandon. Je remarque que dans la pratique, il y aurait une gêne considérable à décider autrement. Un navire en a heurté un autre : faudra-t-il le laisser sans emploi avant même de connaître s'il n'y a pas eu faute de l'adversaire, et si celui-ci ne la reconnaît pas. Ne serait-ce pas aller contre l'esprit du Code, dont plusieurs dispositions ont pour but d'empêcher les navires de demeurer au port, et que le commerce maritime ne soit paralysé. L'art. 216 ne peut avoir pour effet de porter atteinte à cette idée générale.

La même solution sera-t-elle acceptable quand la demande aura été formée avant que le navire n'ait fait une nouvelle expédition. Le navire n'a eu à subir du fait de sa navigation aucun préjudice. M. de Valroger admet que même si le navire n'a encouru aucune nouvelle responsabilité, ni subi

18. Ruben de Couder : mot *Armateur*, n° 92.

de dépréciation il n'en faut pas moins refuser le droit de faire abandon (19). Pour M. de Courcy, il n'est pas admissible qu'une simple demande, qui peut être mal fondée, paralyse le navire. Si les créanciers sont sûrs de leurs droits, que ne saisissent ils le navire ? s'ils échouent, ils auront, il est vrai, à supporter des dommages intérêts, mais pour améliorer leur sort, il est impossible d'empêcher le propriétaire d'user d'un droit, ou plutôt d'accomplir un devoir ; car c'en est un pour l'armateur de faire naviguer le navire. Il y aurait quelque chose de contraire à l'intérêt général. Cet intérêt, qui est de voir les navires rester le moins possible hors de service, je l'invoquais à l'instant. Dans notre nouvelle hypothèse, il ne faut pas hésiter à reconnaître, dit-on, que la solution doit être différente. La loi veut qu'au moyen du sacrifice du navire et du fret, le propriétaire pût se libérer. C'est une faveur exceptionnelle, mais elle ne va pas au-delà. Or, cette faible compensation accordée au créancier, on permettrait au propriétaire du navire de la risquer, et d'autant plus facilement, qu'il saurait qu'en tout état de cause, il n'aurait rien à redouter, la faveur de l'art. 216 leur restant toujours. Le navire est le gage des créanciers ; il n'est pas permis au débiteur de diminuer le gage de ceux vis-à-vis desquels il se trouve engagé. Si le navire n'a pas péri il a perdu de sa valeur. Je sais qu'on propose de lui accorder en compensation des risques, les frets qu'il a gagnés. Si l'abandon ne produit ses effets que du jour où il est validé ou accepté, la faculté d'abandon aurait disparu, prétend-on, car il y a un acte

19. de Valroger n° 274 ; *Journal de droit international privé*, 1875, p. 146.

de disposition qui implique une renonciation à user de l'art. 216. Qu'on ne dise pas, vous allez condamner l'armateur à immobiliser un capital ou à courir le risque de voir sa fortune de terre entamée ; les créanciers sont aussi intéressants que lui, et la loi leur est assez défavorable, pour qu'on ne se montre pas encore rigoureux à leur égard. En réalité, je crois qu'il faut considérer comme remontant au jour de la demande les effets de l'abandon; dès lors, le propriétaire est responsable des déterriorations qu'a pu subir le navire. Sa fortune de terre devra donc en répondre. Pour moi, le propriétaire, par le fait qu'il a fait naviguer le navire, ne perd pas le droit à l'abandon; mais il est responsable des détériorations et de la perte. Sauf au cas de sinistre, le propriétaire ne verra pas sa situation aggravée par un acte qui, en somme, est un acte d'administration. Celle des créanciers ne sera pas changée ; ils auront même le droit de toucher les frets, et le navire pourra continuer à naviguer (20).

Le navire était assuré. Le propriétaire fait délaissement à l'assureur. Pourra-t-il encore se prévaloir de la faculté d'abandon. L'affirmative est généralement admise par ceux là même qui considèrent l'abandon comme translatif de propriété (21). Il est certain qu'il y aurait abus et contradiction avec l'intention des parties, à regarder le délaissement comme un cas de renonciation tacite. La difficulté ne nait pas de cette question de renonciation qui n'est pas douteuse. Elle provient de ce que le délaissement est translatif de propriété. Comment les créanciers pourraient-

20. 23 juillet 1892. Anvers. R.T. VIII, p. 131.
21. D. 1882. 1. 129.

ils se faire payer sur une chose qui n'est plus la propriété de leur débiteur ? La propriété, répond M. Bédarride, et son argument est repris par la plupart des auteurs, la propriété est transférée dans l'état où elle se trouve au moment du délaissement, et les assureurs substitués à ses obligations. Un second argument consiste à dire que les assureurs prennent la place de l'assuré dès le commencement du voyage ; dès lors, le capitaine peut être considéré comme leur préposé.

La loi dit seulement (art. 385) que les effets assurés appartiennent aux assureurs à partir de l'époque du délaissement ; d'ailleurs l'abandon s'appliquera souvent à des créances antérieures au voyage assuré. En admettant même ce dernier argument, il faudrait faire une distinction entre les engagements résultant d'un risque de mer, disent certains, et les créances provenant d'un fait étranger, délit, quasi-délit. Comment l'assureur pourrait-il alors se trouver engagé s'il n'a pas garanti la baraterie du patron. On répond à cela que ceux qui admettent la rétroactivité du délaissement, au début du voyage assuré, disent que le capitaine est le préposé de l'assureur.

Il faut admettre la combinaison du délaissement et de l'abandon, outre le premier argument rapporté plus haut, il faut dire encore que l'assurance a été contractée sous l'empire d'une législation qui reconnaît l'abandon, que l'assureur a conclu sachant qu'il y avait une disposition de la loi qui pourrait lui faire échec. Il n'a pas dérogé par une convention spéciale ; il s'est donc soumis à toutes les conséquences de la législation sous l'empire de laquelle il a passé le contrat (22).

22. Caudel. *Traité des assurances maritimes.*

CHAPITRE VII.

DE LA NATURE ET DES EFFETS DE L'ABANDON.

I. — § *Nature.*

La faculté d'abandon est un mode de libération. Ce mode
de libération est *in facultate solutionis* : autrement dit,
le propriétaire du navire est soumis à une obligation facultative. Le propriétaire débiteur doit se libérer de l'obligation personnelle qui pèse sur lui, s'il n'aime mieux faire
abandon. L'abandon serait donc l'objet de l'option qui lui
est réservée. Une autre doctrine a été soutenue par M. de
Sèze, dans son étude sur la responsabilité des propriétaires
de navire.

L'obligé n'est pas, selon lui, le propriétaire du navire,
mais le navire lui-même. Si le propriétaire peut être poursuivi, ce n'est qu'en qualité de détenteur du navire. L'action que le créancier a contre lui, est une action en abandon, comparable à l'action en délaissement que subit le
tiers détenteur d'un immeuble hypothéqué. En réalité, il
devrait être condamné à faire abandon, si mieux il n'aime
payer. quoique l'usage contraire prédomine, et qu'on le
condamne si mieux il n'aime faire abandon (1). Je ne puis

1. De Sèze, *De la responsabilité des propriétaires de navires*, 3e partie,
chap. I, § 1 *passim.*

me rallier à cette opinion, je ne fais aucune difficulté pour reconnaître, qu'il y a dans certains cas une action réelle à côté de l'action personnelle, comme au cas d'emprunt à la grosse, mais le propriétaire est toujours tenu en qualité de mandant. Il y a un mandat d'une nature spéciale dont les effets sont déterminés par la loi, et si j'admets « qu'une des anomalies qui caractérisent ce mandat exorbitant, consiste dans la restriction de ses effets à l'affectation du navire », je ne puis comprendre les conclusions tirées par M. de Sèze, savoir : « que l'armateur est obligé non comme mandant, mais en sa seule qualité de propriétaire d'une chose obligée. A l'objection qu'il prévoit des termes si formels de l'art. 216, il répond par l'exemple de l'art. 2168 C. civ. Bien que la coutume (Coutume de Paris art 101), parlât, en son vieux langage, de condamner le détenteur à payer hypothécairement, bien que la loi moderne le déclare tenu de payer ou de délaisser, il ne s'agit pas pour lui d'une obligation alternative, payer ou délaisser, mais d'une obligation simple, délaisser, accompagnée d'une simple faculté de payer.

Plus loin (2), il nous dit : « Il n'en est pas moins certain, comme l'enseignent Pothier, Loyseau, le docte pratricien Favre et tous les interprètes, que l'acte qui compète contre le tiers détenteur est une action purement réelle, ayant pour seul et unique objet le délaissement et que le paiement n'est indiqué qu'à titre de simple faculté. Or l'historique de l'art 216 C. co. ne diffère en rien de celui de l'art 2168. » Ces explications ne me paraissent pas convaincantes. Puisqu'il s'agit d'arguments historiques, il est bon de rappeler

2. De Sèze p. 140.

que l'Ordonnance de 1681 considérait déjà le propriétaire
pour tenu personnellement; qu'Emérigon en cas de prêt à la
grosse reconnaissait en même temps que l'action réelle,
une action personnelle ; enfin, s'il faut tenir compte de
notre ancien droit, il est bon de pénétrer la pensée des rédacteurs de la loi de 1807. Dans la séance du 8 septembre,
Begouën, dans son *Exposé de motifs*, s'exprime ainsi :
« Le capitaine est le mandataire des propriétaires (3). Dalloz,
dans son rapport sur la loi de 1841, nous dit que le propriétaire est obligé personnellement, par les engagements du
capitaine, aussi indéfiniment que si c'était lui-même qui
avait contracté. Le propriétaire est donc bien tenu en vertu
d'une action personnelle et non comme un simple détenteur.
Si l'on veut objecter qu'en cas d'interdiction par le propriétaire des prêts à la grosse, si le capitaine enfreint sa
défense, il n'en sera pas moins tenu de payer; que, par
suite, c'est bien comme détenteur, et non comme mandant,
qu'il peut être tenu d'engagements pris en violation de
son mandat, il faut répondre que, si en pareil cas, les
tiers ont le droit d'agir, sauf au cas où ils auraient connu
la fraude, c'est que la convention du capitaine et du propriétaire était pour eux *res inter alios acta*. Je ferai remarquer qu'il y a contre l'opinion que je combats un autre argument : en cas d'obligation facultative, si l'objet de cette
(obligation vient à périr fortuitement, par force majeure,
art. 1302 C. civ.), le débiteur est pleinement libéré ; si
donc l'objet de l'obligation, au cas qui nous occupe, était
le navire et non le paiement, il n'aurait pas eu besoin de la
faculté d'abandon pour se libérer, au cas de perte du na-

3. Dalloz. *Répertoire.* mot *Droit maritime,* n° 14, p. 359.

vire. Jamais on n'a cherché à soutenir qu'il était déchargé de son obligation en pareil cas, tous les efforts tendaient à faire obtenir la libération au moyen du bénéfice de l'art. 216. L'abandon est donc un mode de libération. Il y a une obligation facultative, dont l'objet est le paiement d'une somme d'argent, l'abandon du navire n'étant qu'*in facultate solutionis*. Par l'effet de l'abandon, l'obligation personnelle qui existait seule ou à coté dé l'action réelle, disparaît ; il ne reste plus qu'une obligation purement réelle.

§. II. — *Des effets de l'abandon.*

Ce mode de libération entraine-t-il le transfert de la propriété ? C'est controversé. Quel est l'intérêt de cette question ?

Si l'on suppose que l'abandon transfère aux créanciers la propriété, le propriétaire peut se trouver lésé dans ses intérêts. Je suppose le navire endommagé dans une navigation lointaine, sans que le propriétaire ait pu connaître encore d'une façon certaine, et la situation exacte, et les dépenses à faire ; en même temps, le propriétaire est poursuivi par les créanciers du navire : Que devra-t-il faire, payer ou abandonner ? Il se trouve dans une situation très embarrassante et pourtant c'est ce dernier parti qu'il devra adopter, s'il veut protéger sa fortune de terre. Or, si les sommes à payer sont minimes, et que la propriété soit transmise, il se sera acquitté bien au delà de ce qu'il devait. Si, au contraire, l'abandon ne transfère pas la propriété, mais n'a comme résultat que de donner aux créanciers le mandat de faire vendre avec mission de se payer, le propriétaire ne subira aucune perte, l'excédent du prix lui revenant . Il y a là un argument en faveur de l'abandon non translatif. Il est difficile de supposer que la loi ait voulu créer un véritable jeu de hasard où le propriétaire risquerait, sur un vrai coup de dé, une partie de sa fortune. Il est équitable et naturel, répondra-t-on, de restreindre dans les limites les plus étroites une déposition exceptionnelle et d'adopter la solution la plus favorable aux créanciers. On semble oublier que la loi, dans l'art. 216, a surtout en vue le propriétaire et sacrifie les créanciers.

La question présente encore intérêt à deux autres points de vue. S'il y a transfert de propriété, il faudra remplir les formalités de mutation en douane. Enfin si la propriété est transférée, les créanciers pourraient faire naviguer le navire à leur profit au lieu de le vendre, droit qu'ils n'auraient pas dans le cas contraire (4).

Les partisans du transfert exposent ainsi les raisons qui, pour eux, militent en faveur de l'abandon translatif.

M. de Courcy (5) commence par déclarer que pour lui la question n'en est pas une : « Je ne fais pas le plus léger doute que l'abandon est une dépossession absolue de la propriété, qu'il ne peut pas être autre chose ». Il ajoute aussitôt après. « Je trouve la question si peu sérieuse, même grammaticalement, que sa véritable formule paraît être la suivante : L'abandon du navire est-il un abandon du navire » ?

4. Lyon Caen et Renault. Traité, V. n° 254.
5. De Courcy. *D'une réforme internationale du droit maritime.* p. 50 à 53.

La première objection ainsi présentée contre l'abandon, non translatif, est donc purement grammaticale. Quand on parle, dit-on, d'abandonner une chose, il faut évidemment comprendre que la propriété est acquise par celui qui est bénéficiaire de cet abandon. Pour y répondre, je rappellerai que les rédacteurs des Codes ont employé certaines expressions dans le sens traditionnel qu'elles avaient, sans s'inquiéter de celui de la grammaire. M. de Sèze cite, avec raison, l'expression délaisser, employée dans les art. 2168 et suivants du Code civil. Délaisser semblerait vouloir, tout aussi bien qu'abandonner, désigner, au point de vue grammatical, une renonciation à la propriété, or, il est certain que jamais le délaissement n'a entraîné un transfert de propriété. Il suffit de se reporter à l'art. 2173, C. civ. C'était l'opinion dans l'ancienne doctrine « le délai, dit Pothier, n'est que de la possession et n'exproprie pas celui qui l'a fait jusqu'à l'adjudication ». Je citerai encore comme exemple l'art. 1268 C. civ., où le législateur s'est servi de l'expression abandon, et l'art. 1269 C. civ., nous dit immédiatement que la cession judiciaire ne transfère pas la propriété aux créanciers Ainsi le sens grammatical du mot ne peut pas toujours nous servir de guide pour interpréter le sens d'une disposition législative. Il faut se reporter à la tradition, et celle-ci ne semble pas favorable à une transmission de la propriété.

Dans le plus ancien droit, la faculté d'abandon avait été accordée au propriétaire du navire qui avait été brisé par la tempête, qui avait péri entièrement. C'est par déduction qu'on l'a étendue au cas où le navire était arrivé à bon port. La perte du propriétaire avait été réduite à sa part. Il y avait là, comme je l'ai dit au début de cette étude, un contrat de commande. La nature de la responsabilité du propriétaire s'est modifiée; il y a eu un véritable engagement personnel, mais la tradition à persisté et on lui accorde l'abandon, même au cas de perte totale, puisque c'est surtout en pareille occurence qu'il sera précieux pour protéger sa fortune de terre. Or, si on peut faire abandon en pareil cas, il en faut bien déduire que le transfert de la propriété n'est pas de l'essence de l'abandon. C'est sur cette considération que la Cour de Rennes s'était basée pour repousser la théorie du transfert de la propriété (6).

Le délaissement produit un transfert de propriété et cependant le raisonnement que je viens de faire s'applique aussi bien au délaissement qu'à l'abandon. Mais ici, je trouve un texte formel (art. 385), et ce texte n'existe pas pour l'abandon. Il est à noter que, déjà dans l'ancien droit, le délaissement avait cet effet ; mais, Emérigon reconnaissait qu'il était « incongru de délaisser aux assureurs une chose dont la perte absolue est déjà constatée, et qu'il avait fallu un texte formel pour qu'il en soit ainsi. Rien de pareil n'existait pour l'abandon, aucun texte ne se rencontrait dans l'ancien droit, et il est certain que la tradition n'était pas en ce sens. Les jurisconsultes qui commentaient l'ordonnance de 1681 et les coutumes maritimes l'aurait fait remarquer. Au sujet du délaissement, Emérigon, dont je rapportais les paroles à l'instant, n'eût pas manqué de faire un rapprochement dont on ne trouve aucune trace, indiquant que ce n'était pas seulement dans le délaissement qu'on pouvait transmettre la propriété d'une chose qui avait péri.

6. Rennes, 28 mars 1873. *Journal de Marseille*, 2. 123.

Cette différence entre l'abandon et le délaissement s'explique d'ailleurs parfaitement : celui-ci est permis dans bien des cas où, pour des assurances non maritimes, il y aurait simplement lieu à des dommages intérêts. Or, il est de principe qu'en matière d'assurance, l'assuré doit être dédommagé de ses pertes, mais, qu'il ne peut jamais faire de bénéfices. Il fallait donc bien que l'assuré abandonnât l'objet assuré, sans quoi il en serait résulté pour lui un bénéfice. Et comme le délaissement n'est en somme qu'une action en paiement de l'entière somme assurée, il a été étendu au cas de perte totale. Je fais encore remarquer qu'au cas d'abandon le propriétaire éprouve néanmoins une perte et ceci pour des actes qui se sont produits en dehors de lui; au contraire, dans le cas de l'art. 385 C. co. l'assuré est toujours intégralement payé de sa perte. Il est donc aisé de comprendre qu'en présence de deux situations, différant à tant de points de vue, il y ait eu, de la part du législateur, deux solutions différentes, que l'on ait admis le transfert de la propriété pour le délaissement, et rejeté pour l'abandon.

Ainsi, ni le sens ordinaire du mot abandon, ni la tradition ne viennent appuyer l'opinion que je combats. Il en est de même de l'art 310, qui ne vise qu'un cas spécial.

Il y a, dit Dufour (7), une obligation personnelle qui disparaît ; or de tels privilèges ne s'obtiennent ordinairement pas sans compensation. La compensation, dira-t-on, l'abandon du navire et du fret, c'est-à-dire l'indication aux créanciers que le navire était leur gage et l'autorisation

7. Consultation rapportée par de Sèze, p. 188 et suiv.

d'en poursuivre la vente ; mais alors, dit-il, l'abandon n'est rien du tout ; car les créanciers savent à merveille que le navire était leur gage.

A l'objection, que fait Dufour, quelle est la compensation accordée par la loi au créancier, je crois qu'il faut dire qu'elle n'a nullement songé à lui en accorder une. Cette faveur accordée à l'armateur a pour cause d'utilité publique (je ne discute pas, je rappelle les raisons données) et le développement de la marine ; c'est une pensée du même genre que celle qui a fait déclarer insaisissable les rentes sur l'État. Or, jamais l'État n'a songé a fournir une compensation aux créanciers de rentiers dont les intérêts se trouvaient lésés.

Je ne crois donc pas que l'abandon soit translatif de propriété. Outre les saisons données, je fais encore observer que toute mutation de propriété est atteinte par notre droit fiscal ; or, l'abandon n'est soumis à aucun droit d'enregistrement, à l'inverse du délaissement. Il semble bien que le législateur l'ait considéré comme un mode de libération et non comme une façon d'acquérir la propriété.

Sur cette question de transfert de la propriété, les auteurs sont partagés. La majorité appuie l'opinion que je viens d'adopter (8). Bédarride voit pour le propriétaire, dans l'abandon, « la libération de toutes les obligations, de tous les faits, contractés par le capitaine ou commis par lui ; pour les créanciers, c'est le cantonnement de leurs

8. Alauzet, nº 1720 ; — Bédarride, nº 391 ; — Desjardins, nº 297 ; Caumont, vº *Abandon maritime* nº 59 ; — de Sèze, 182 et suiv ; Jacobs, nº 273. — *Contrà.* Lyon Caen et Renault. *Précis* nº 1678 ; — Ruben de Couder. *Dictionnaire*, vº *Armateur*, nº 97.

droits qui ne changent pas de nature et qui restent, après comme avant l'abandon, de simples droits de créance. M. Desjardins nous dit également : « l'abandon est libératoire et non translatif ».

Si l'abandon n'est pas le transfert de la propriété, qu'est-il donc ? M. de Valroger nous répond : « qu'il confère uniquement aux créanciers auxquels il est fait, le droit d'être payé sur le navire jusqu'à concurrence de ce qui lui est dû. » L'abandon est une cession de biens partielle. C'est l'opinion la plus généralement admise. Dès lors, s'il y avait un excédent dans la liquidation, il reviendrait au propriétaire du navire. La cession de biens ne libère le débiteur que jusqu'à concurrence de la valeur des biens abandonnés, et, dans notre cas, la libération est absolue. La cession de biens avait surtout pour but d'affranchir le débiteur de la contrainte par corps ; depuis la loi du 27 juillet 1867, elle se trouve réduite à une existence à peu près nominale dans la loi. Il y a donc des différences réelles entre la cession de biens et la faculté d'abandon. Je crois qu'elle est un mode de libération *sui generis*, présentant des analogies avec la cession de biens, mais produisant des effets bien plus complets, restriction légale au droit de gage qu'ont tous les créanciers sur les biens de leur débiteur.

La jurisprudence admet généralement qu'il n'y a pas transfert de la propriété (9).

La commission de 1865 avait adopté un système mixte : « En cas d'abandon, tout créancier peut prendre le navire

9. Caen, 12 mai 1862. S. 1862. 2. 487 ; Rennes, 23 mars 1873. N. 1873. 2. 142 ; Bordeaux, 15 février 1888. R. I. III, p. 516 ; A. 1870. 1 155 et 1882. 1. 235 : — *Contrà* Paris, 29 juillet 1862. N. 1863. 2. 73.

pour son compte, à la charge de payer les autres créanciers privilégiés. Si aucun créancier ne prend le navire pour son compte, il est vendu à la requête du créancier le plus diligent. Le prix est distribué entre les créanciers ; l'excédent, s'il y en a un, appartient au débiteur qui fait l'abandon » (art. 227 du projet).

En Belgique, la jurisprudence, tirant de la loi toutes ses conséquences, a recounu la nécessite de nommer un liquidateur (10). En France, la jurisprudence n'a pas adopté cette opinion (11).

Lors du congrès de Bruxelles, une proposition avait été faite pour régler la procédure d'abandon. Le propriétaire devait faire nommer un liquidateur. La proposition déterminait également ses fonctions. La commission du congrès l'avait approuvée, mais le Congrès considérant qu'il y avait là une loi de procédure, plutôt qu'une loi maritime n'en délibéra pas. Il y aurait certainement intérêt cependant à voir régler la procédure de l'abandon, à voir organiser une liquidation régulière dont les effets seraient déterminés

Effets a l'égard des créanciers.

On admet que, fait au profit d'un seul, l'abandon ne serait pas valable ; qu'il doit doit l'être au profit de tous les autres (12) et réciproquement que s'il a été fait à l'un des créanciers, il est opposable à tous les autres ; c'est l'opinion

10. Pas. 1885. 2. 181 ; R. I. VIII, p. 131.
11. Bordeaux, 16 février 1888 précité.
12. Nantes, 13 juin 1888..N. 1888. 1. 305.

A   14.

générale. En présence du silence de l'art. 216, n'est-il pas plus simple de regarder les poursuites comme pouvant avoir lieu successivement, chaque dette pouvant être ratifiée par le propriétaire, qui aura la faculté d'invoquer si bon lui semble l'art. 216. Les autres créanciers ne peuvent se plaindre d'un traitement qui ne leur nuit pas, et diminue le nombre de ceux qui viendront en concours sur le prix du navire.

Il faut que l'abandon ait été accepté par le créancier ou qu'il ait été validé par jugement.

Il arrive donc, parfois, qu'il s'écoule un certain laps de temps entre l'abandon et sa réalisation. A la charge de qui seront les frais de garde, d'entretien, de surveillance qui auront été faits? Je pense que ces frais seront supportés par le navire, autrement dit par les créanciers abandonnataires. L'abandon doit produire ses effets au jour où il a été opéré. Les créanciers ne peuvent faire subir au propriétaire les conséquences soit de leur lenteur, soit de leur résistance jugée sans fondement. (13).

Je reconnais cependant que la jurisprudence paraît incliner en sens opposé. M. de Valroger prétend que l'abandon, à l'inverse du délaissement, ne rétroagit pas. Il considère qu'il y a là un des effets de l'abandon, et par suite que le paiement de tous les frais, que j'ai indiqués plus haut, restent à la charge de celui qui fait abandon.

Quelle est la responsabilité de l'armateur tant que l'abandon n'est pas définitif?

Il est généralement regardé comme débiteur d'un corps

13. Desjardins, n° 297.

certain, soumis aux obligations des art. 1136 et 1137, par suite tenu d'apporter au navire les soins d'un bon père de famille.

Pour d'autres, il serait simplement un dépositaire tenu d'une faute lourde. On objecte contre cette dernière opinion, que le propriétaire ne peut être dépositaire de sa propre chose. Il faut, en outre, observer que la règle de l'art. 1137 est la règle moderne ; qu'on ne peut appliquer l'art. 1927 qui en est la dérogation. D'ailleurs, en admettant même que l'abandon produise un effet rétroactif, et qu'il transmette la propriété, le propriétaire pourrait néanmoins, difficilement être considéré comme dépositaire n'ayant pas été choisi par ses créanciers.

L'abandon a un effet indirect important, vis-à-vis des créanciers, puisqu'il entraîne reconnaissance de la dette pour laquelle il est fait (14).

L'abandon n'est pas un paiement, mais une fin de non-recevoir, comme la cession de biens, il subsiste une obligation naturelle à laquelle s'appliquent toutes les règles ordinaires des obligations naturelles.

Si le propriétaire paye, après la vente du navire, il y aura, alors un paiement, et non une libération.

Par l'abandon, les créanciers reçoivent du propriétaire le mandat de vendre. La vente peut avoir eu lieu quand d'autres créanciers se présenteront ; si le propriétaire leur fait abandon ils ne pourront toucher que le reliquat du prix de vente, droit illusoire ; ils n'auraient aucun autre droit. Il y a là, semble-t-il, réalisation du gage ; la vente s'accomplira donc dans les formes de la vente judiciaire ;

14. Lyon-Caen et Renault. *Traité*. V. n° 253.

or, en pareil cas, d'après l'art. 193 C. co., le navire sera affranchi de tout droit de suite de la part des créanciers privilégiées ou chirographaires.

Le propriétaire n'a qu'une obligation, remettre le gage ; il n'a pas à s'enquérir de la distribution. Quant aux créanciers, par suite de l'abandon, ils n'ont plus qu'une action réelle sur le navire. Ils concourront suivant leur ordre de préférence (art. 190 et 191 C. co.).

Un créancier personnel du propriétaire pourra toujours concourir ; mais, le montant de la dette qui aura été prélevé sur le prix du navire, devra rester à la charge de sa fortune générale, dès lors les créanciers abandonnataires, auront action contre lui.

EFFETS A L'ÉGARD DES ASSUREURS.

J'ai déjà eu à me demander si le délaissement effectué par l'armateur mettait obstacle à l'abandon. Il me faut maintenant examiner le cas du délaissement fait à la suite de l'abandon.

Je remarque, tout d'abord, que l'abandon ne doit pas aggraver la situation des assureurs, pas plus que le délaissement ne doit porter atteinte aux droits des créanciers abandonnataires. L'abandon doit certainement être effectif, de plus l'assurance est une opération à laquelle les créanciers sont demeurés étrangers, et dont le profit leur échappera, dès lors, ils ne peuvent avoir à en souffrir. M. de Courcy nous dit que le délaissement ne doit pas nuire aux créanciers, mais il soutient qu'en raison pure, l'abandon devrait rendre le délaissement impossible. Je cite le passage: « L'abandon aux créanciers est un acte d'option, un acte libre et facultatif de l'armateur qui ne consulte que son intérêt. Cet acte d'option ne peut pas préjudicier aux assureurs, qui sont des tiers étrangers, et la condition même de délaissement est de remettre sans partage aux assureurs la totalité des produits du navire et du fret. La logique voudrait donc que l'abandon aux créanciers entraînât virtuellement renonciation au délaissement. » Le propriétaire n'a fait qu'user, faut-il répondre, d'une faculté que lui confère la loi, et l'exercice qu'il en fait, ne doit pas, dans le silence de la loi, lui faire perdre le droit de délaisser. Je rappelle d'ailleurs, que le délaissement a surtout pour but de permettre à l'assuré de recueillir la totalité de la somme assurée, et que le transfert du navire et du fret n'est pas l'objet principal du délaissement. Dès lors, que l'assureur aura obtenu sous une forme ou une autre, la compensation, à laquelle il a droit, de quoi pourrait-il venir se plaindre. Quand le propriétaire aura fait abandon, s'il délaisse ensuite, les assureurs auront le droit de déduire du montant de l'assurance, le prix du navire et du fret qui ne leur aura pas été remis.

Je sais bien qu'il y a une objection assez sérieuse contre cette combinaison. C'est un délaissement en moins prenant, « or ce délaissement en moins prenant consistant à faire un délaissement fictif, sans délaisser réellement, n'est pas jusqu'ici consacré par la loi. » (15). J'ai déjà répondu à cette objection en faisant valoir que la loi ne semblait pas avoir voulu astreindre le propriétaire à un choix, et que par ce

15. Jacobs, n° 78.

moyen l'assureur n'avait pas à souffrir de l'abandon. Il faut, bien entendu, pour que les assureurs puissent user de ce droit de retenir la valeur du navire et du fret, qu'il s'agisse d'une créance étrangère ou antérieure aux risques dont ils répondent. Si, au contraire, cette créance avait pour principe un évènement dont les assureurs répondent et qui se soit produit dans le temps des risques, ils ne pourraient plus effectuer cette réduction sur le montant du risque.

Je remarque que les assureurs sont entièrement subrogés aux droits de l'assuré ; s'ils considèrent que l'abandon leur fait échec, qu'il y aurait eu bénéfice à payer les créanciers, ils pourront invoquer l'abandon non encore accepté.

Si l'abandon, au contraire, avait été accepté, faut-il aller plus loin et dire que, même dans ce cas, l'assureur a le droit de le révoquer. L'affirmative est admise; il est facile de comprendre, que le propriétaire, qui peut être poursuivi personnellement, ait intérêt à faire abandon pour obtenir un *quitus*; mais il est impossible de découvrir aucune raison, aucun intérêt serieux pour le créancier à s'abriter derrière l'acceptation qu'il a faite de l'abandon pour se garantir contre le paiement intégral de sa créance. Si l'on admet le transfert de la propriété en cas d'abandon, au créancier, il aurait inrérêt à maintenir l'abandon, s'il prévoyait un excédent de valeur du navire; en tout cas, ayant acquis la propriété, il faudrait son consentement pour la transmettre à l'assureur.

L'abandon est-il, par lui même, une cause de délaissement ?

Peut-on dire que quand le propriétaire fait abandon, il y a là un dommage, une perte totale de nature à faire naître le droit au délaissement, quand bien même il n'aurait eu pour cause aucun sinistre majeur mis par la loi ou le contrat aux risques de l'assureur?

Le tribunal de Marseille l'avait admis (16), en se basant sur ce que le navire était perdu parce qu'il y avait dépossession de son propriétaire. Cette opinion ne me paraît pas défendable ; parce que la faculté de délaisser n'a pas, dans notre loi, pour base simplement la dépossession ; parce que, d'ailleurs, quand le propriétaire fait abandon, il y a pour lui un mode de libération bien plus qu'une perte. L'abandon enfin n'est pas mis par la loi au nombre des cas de délaissement. Dans l'assurance maritime, l'assureur ne répond jamais du fait de l'assuré ; or, c'est à quoi aboutirait la théorie admise par le jugement précité. L'argument me paraît probant. La doctrine est unanime à repousser le délaissement en pareil cas. Il est évident que s'il y avait eu sinistre majeur, puis abandon, le délaissement pourrait avoir lieu, mais ce serait le sinistre majeur et non l'abandon, qui y donnerait droit.

La question doit-elle recevoir la même solution, quand le propriétaire a fait abandon pour s'exonérer d'une responsabilité, encourue par lui, précisément dans un des cas à la charge de l'assureur, quand bien même la dette qui entraînerait l'abandon, n'atteindrait pas les trois quarts de la somme assurée. En fait, il s'agit le plus souvent d'un navire avarié en cours de route ; le capitaine pour faire procéder aux réparations nécessaires, emprunte à la grosse. Lors du retour du bâtiment, la lettre de grosse est présentée à l'armateur qui la laisse impayée et fait abandon sur les

16. 22 août 1856. M. 1856. 1. 253.

poursuites qui lui sont intentées. Il peut également arriver que le navire n'ait pas perdu les trois quarts de sa valeur, et que le propriétaire recoure cependant à l'abandon Dans ces hypothèses, l'abandon donnera-t-il droit de délaisser ?

La négative a été vivement défendue par MM. Droz Courcy (17). Il ne faudrait pas voir une véritable dépossession à la suite de fortune de mer. Sans doute, l'abandon a pour conséquence une dépossession ; cette dépossession résulte ; non pas d'une façon nécessaire, mais indirecte, de la fortune de mer. Il y a toujours et quand même le fait du propriétaire ; car ici la cause de l'abandon provient de sa mauvaise situation financière, des risques commerciaux, nécessitant l'abandon comme il ne peut y faire face et par conséquent, un fait lui étant imputable. Il ne peut se créer à son profit un droit contre ses assureurs. « Il faut remarquer, ajoute M. Droz, que, le fait se produisant au port de destination, la mer n'est pour rien dans l'impossibilité où se trouve le propriétaire d'acquitter ses obligations. » Si l'assuré peut user de l'art. 216 les assureurs en tous cas, ne doivent pas souffrir de sa décision. Ils ne sont responsables que des cas de dépossession énumérés par la loi (18). Si l'on objecte qu'il y a là un cas d'innavigabilité relative que comprend la loi, il faut répondre « qu'il ne s'agit pas d'un cas d'innavigabilité relative, puisque le navire est arrivé au terme de son voyage », et que, s'il use de la faculté d'abandon, « c'est par un fait particulier à lui qu'il se trouve depouillé de l'objet assuré, qu'il n'est, donc pas

17. Droz. *Assurances maritimes*, II, n° 557 ; de Courcy. *Questions de droit maritime*, III, p. 316 et suiv.

18. Paris, 28 août 1863. D. 1866. 1. 393.

fondé dans l'action en délaissement » (19). D'ailleurs, comment l'assureur pourrait-il être contraint de payer avant que le règlement d'avaries n'intervienne ; car c'est par lui seul qu'il est rendu débiteur.

Cette opinion n'a, cependant, pas prévalu ; la Cour de cassation paraît bien, ainsi que les auteurs, admettre qu'il y a possibibilité de délaisser. M. de Sèze a soutenu que la jurisprudence n'avait jamais eu en vue l'abandon, qu'elle ne l'avait jamais visé, qu'elle s'était toujours contentée de parler de la dépossession résultat de la vente ; car jusque là, sauf pour ceux qui admettent la translation de la propriété, le propriétaire n'a pas été dépossédé. Je crois que l'ingénieux auteur commet une erreur.

La vente est bien une conséquence de l'abandon ; elle n'aurait pas pu se produire sans lui. C'est donc bien l'abandon qui est la véritable cause de la dépossession subie par le propriétaire, et, comme on l'a fait observer, « mode de libération d'une dette, » l'abandon, vis-à-vis des assureurs, ne peut jamais être examiné en dehors d'elle. Or, la dette qui a été contractée, l'a été pour le compte et dans l'intérêt de ces derniers. En effet, si la somme n'avait pas été empruntée le navire aurait pu périr, et dans cette circonstance l'assureur aurait subi la perte ; d'ailleurs l'assuré n'est forcé de rien distraire de sa fortune de terre, et c'est ce qui se produirait. L'assuré est, en réalité, privé de l'objet assuré par une cause qui se rattache bien à l'événement de mer, dont l'assureur s'était engagé à le garantir ; enfin, si l'assureur avait fourni la somme nécessaire pour réparer le navire, il serait, pour partie, créancier de l'assuré ; et,

19. Aix, 15 janvier 1859. M. 1859. 1. 177.

en ce cas, il n'est pas douteux que ce dernier pût s'exonérer par l'abandon. Peut-on admettre, quand il n'a pas subvenu aux dépenses, que sa situation soit meilleure ? (20) On réplique à cet argument, qu'il y a là une chance dont l'assureur peut s'exonérer, en laissant le capitaine emprunter, soit pour son compte, soit pour celui de l'assuré. Il n'est pas, en effet, contraint d'envoyer des fonds pour la réparation du navire. L'assureur est garant des réparations à faire, mais, malgré cela, tant qu'il n'y a que des avaries, son obligation n'est point échue. Il peut donc se dispenser d'envoyer des fonds. Il est simplement garant des suites du défaut de fonds dans le lieu de relâche ; or, cette garantie ne porte que sur les dépenses faites dans les limites des engagements, et ne s'applique pas à toutes les suites du manque de fonds. L'assureur n'est responsable des fortunes de mer, que dans les limites où il s'est engagé. Il ne peut être tenu que de payer ce qu'il doit ; de fournir à l'assuré de quoi acquitter la lettre de grosse dans cette proportion ; si le propriétaire fait abandon, ce sera en vertu de la part de dette qui lui est afférente, et lui, assureur, ne peut être considéré comme en étant responsable. Dès lors, comme il y a une partie des dépenses qui couvrent des risques que l'assureur n'a pas à couvrir, il y aura lieu, à l'échéance du billet de grosse, de procéder à un règlement provisoire, au cas où le règlement définitif ne pourrait avoir lieu, et l'assureur sera tenu de payer la part mise à sa charge par ce règlement provisoire.

Les assureurs ont vivement protesté contre la jurisprudence. Pour se mettre à l'abri, l'art. 12 de la police française

20. J. Cauvet. I, p. 312.

d'assurance sur corps est ainsi conçu : « Les assureurs sont et demeurent étrangers : 1°... 2°... 3° aux effets de toute détermination des armateurs, à l'égard des créanciers, prise en vertu de l'art. 216 C. co ». Ainsi l'assureur ne sera pas tenu, pour sa part, de contribuer à acquitter la lettre de grosse. Il pourra attendre que le règlement définitif ait eu lieu pour se libérer de sa part. J'ajoute que toutes les polices ne se montrent pas aussi favorables à l'assureur.

CHAPITRE VIII.

§ I. — *Législations étrangères.*

Si l'on examine l'ensemble des législations, on peut dire, d'une façon générale, que toutes ont cru nécessaire d'apporter des restrictions à la responsabilité du propriétaire de navire, restrictions dont l'étendue varie seule.

En examinant de près les systèmes, il semble qu'on puisse ramener à trois types généraux, ces diverses lois.

En premier lieu, c'est le système de notre droit. Le propriétaire est indéfiniment tenu des faits et engagements du capitaine ; toute sa fortune en répond conformément au droit commun (art. 2092), qui veut que toute obligation, qu'elle dérive de la loi ou de la convention, engage le débiteur sur tous ses biens ; mais ici, le propriétaire indéfiniment tenu, peut se libérer par l'abandon du navire et du fret. C'est à ce type de législation que se rattache le plus grand nombre de lois en vigueur avec des différences, sans doute, dans l'application qu'elles font de l'abandon, mais admettant toutes d'une part, une responsabilité indéfinie, et, d'autre part, la faculté pour le propriétaire de la limiter. J'ai eu déjà l'occasion de mentionner ces diverses lois : ce sont celles d'Italie, Grèce, Egypte, Hollande, etc. Au fur et à mesure que j'ai étudié l'art. 216, j'ai signalé les différences que ces lois étrangères présentaient avec notre droit

Le deuxième type est celui de la législation anglaise ; responsabilité illimitée pour ce qui a trait aux engagements du capitaine ; limitée à un chiffre fixé par la loi, dans certains cas, écartée dans d'autres, quand il s'agit des faits de celui-ci.

Enfin, troisième type, l'Allemagne, qui limite la responsabilité, mais a complètement repoussé le système de l'abandon.

En Allemagne, le propriétaire est, en principe, tenu indéfiniment, mais l'art. 452 énumère certains cas où il n'y a pas engagement personnel de sa part. Le créancier a pour débiteur, le navire avec lequel il a un lien réel, et, à la différence du droit français, le propriétaire ne jouit pas d'un droit d'option. C'est même là une différence essentielle.

Pour que l'armateur ne soit pas personnellement tenu, il faut : 1° que le capitaine ait agi en vertu de ses attributions légales, et non d'un pouvoir spécial ; 2° ou que la créance résulte de l'inexécution ou de l'exécution défectueuse du contrat, passé par l'armateur, quand le capitaine était, par ses fonctions, précisément chargé de l'exécution de ce contrat ; 3° que la faute provienne d'une personne de l'équipage et parmi les personnes de l'équipage, la loi allemande comprend le capitaine (1).

Dans les deux premiers cas, si l'armateur a commis une faute dans l'exécution, ou bien s'il s'est spécialement porté garant de l'exécution, il devient personnellement tenu vis-à-vis des créanciers. Dès lors, si l'armateur est en même temps capitaine du navire, on voit les conséquences qui ré-

1. Hoeschter et Sacré, I, p. 104.

sultent de cet article 452 *in fine*, il sera toujours personnellement tenu et sa situation sera ainsi semblable à celle
faite par l'art. 216 C. co., au capitaine propriétaire. L'art.
454 porte que les autres titres détermineront les cas où le
navire et le fret sont seuls engagés.

L'armateur ne sera pas aussi personnellement tenu; 1° des
créances pour sauvetage et assistance (art. 955); 2° de celles
dérivant, pour les chargeurs, de la communauté d'intérêt.

S'inspirant des idées d'humanité et de bienveillance que
j'ai déjà notées dans des lois récentes, pour les gens de
mer, la loi allemande décide (art. 453), par dérogation à
l'art. 453 § 1 que l'armateur sera tenu, sur tous ses biens,
des créances qui naissent, au profit des personnes de l'équipage, de leurs contrats d'engagements ou de loyers.

Les créanciers, qui ont ainsi pour unique débiteur le
navire, sont désignés par l'expression spéciale de créanciers
du navire, (Schiffsglaubiger). Leur gage comprend le navire
et le fret, qui est celui du voyage auquel se rapporte la
créance.

De cette législation, il convient de rapprocher celle des
pays scandinaves. Une commission composée des délégués
des trois pays (Suède, Norwège, Danemarck) a rédigé un
projet de législation, à peu près semblable, pour les trois
pays. En Suède, ce nouveau code est entré en vigueur au
1er janvier 1892. L'art. 7 limite la responsabilité du propriétaire. Il s'agit d'une législation semblable à celle de
l'Allemagne, c'est ce qu'a formellement déclaré au Congrès
de Bruxelles, l'un des délégués scandinaves, M. Platou (2),
au moment de voter sur la résolution, reconnaissant le

2. M. Platou, Conseiller à la Cour suprême de Christiania.

droit d'abandon. Il déclara s'abstenir, pour la raison que ce mode de libération n'était pas reconnu par la législation scandinave, conforme en cela à la législation allemande. C'est une modification au droit ancien du pays, car le staldragh de 1667 admettait la faculté d'abandon. Le Danemarck, au contraire, admettait déjà la limitation à la valeur, ainsi que le Code norwégien (art. 65 et 99). Ce dernier limitait, à la valeur de l'objet engagé, le recours en cas d'emprunt sur navire, etc.

Au cas de dommage causé par l'impéritie ou l'infidélité du capitaine, le code russe (art. 649) a décidé que les dommages-intérêts seront évalués selon la valeur du navire, les armateurs n'étant pas responsables au delà, lors même que les dommages seraient plus élevés.

Le Code espagnol se rattache à la loi française ; mais au cas d'abordage, il paraît avoir admis le système allemand ; en effet l'art. 837 porte : « La responsabilité civile incombant aux armateurs dans les cas régis dans la présente section (abordages) est limitée à la valeur du navire et de tous ses accessoires, et des frets gagnés durant le voyage. »

Législation anglaise. — Pour l'Angleterre, on s'en est tenu longtemps à la responsabilité illimitée du propriétaire de navire, telle qu'on l'avait admise à Rome. Le juge anglais avait pour l'éclairer les coutumes (*the common law*), c'est-à-dire les usages constatés par la jurisprudence ; les *Rôles d'Oléron* qui avaient acquis force de loi dans le cours du XIV⁰ siècle ; les *Recès hanséatiques*, et enfin subsidiairement le droit romain, et parmi les textes de ce droit, Selden cite, comme applicables ceux compris sous le titre « *De exercitoria actione.* »

Ce fut jusque vers la moitié du XVIII° siècle que dura le système de la responsabilité illimitée. En 1734 apparaissent les premières modifications apportées au droit anglais.

Ce fut pour les faits du capitaine qu'elle reçut des modifications. La première limitation eut lieu en cas de détournement, total ou partiel, des marchandises. L'armateur n'était responsable que jusqu'à la valeur du navire et du fret. De nouveau bills en 1784, 1811 et 1813 étendirent le nombre de cas où la responsabilité était limitée. Quel est l'état actuel du droit anglais ?

Pour tout ce qui concerne les engagements licites contractés par le capitaine, la responsabilité demeure pleine et entière ; le propriétaire est indéfiniment tenu. Il semble y avoir là une disposition rigoureuse ; mais l'idée anglaise est que vous avez choisi librement votre représentant, et que, si vous vous êtes trompé, vous seul devez en souffrir les conséquences. Au cas de contrat passé par le capitaine, il peut lui-même être poursuivi, mais le créancier doit choisir, il ne peut poursuivre ensemble le propriétaire et le capitaine.

L'armateur est, en principe, indéfiniment responsable de la faute, impéritie, négligence du capitaine ou de l'équipage, sauf s'il y a faute intentionnelle. Mais cette responsabilité illimitée cessait (art. 603. 17-18 Victoria act de 1854), 1° dans tous les cas d'incendie ; 2° de vol ou détournement d'or, argent, métaux précieux, si la valeur a été insérée au connaissement ou déclarée au capitaine. L'act de 1862 (art. 54) a remplacé l'art. 504 ; il limite la responsabilité à 15 livres sterling par tonneau, en cas de mort ou blessure d'une personne transportée par le navire ou se trouvant sur un autre bâtiment que le premier aurait abordé ; et, à 8 livres dans les mêmes circonstances, les indemnités à payer pour les avaries ou dommages subis, soit par le navire, soit par les marchandises.

Les auteurs anglais sont d'accord pour reconnaître que l'art. 505 de l'act 1854 est encore en vigueur, que dès lors chaque accident, chaque mort d'homme, donnera lieu à cette responsabilité limitée.

Enfin, contrairement à ce qui a lieu pour les engagements passés pour le capitaine, l'act de 1862 est applicable même au navire étranger ; l'art. 54 débute, en effet, par ces mots : « Le propriétaire de tout bâtiment anglais ou étranger ». Il y a là, une disposition, fort critiquable, qui pourra être la source de conflits et de difficultés dans les relations commerciales.

Le droit anglais diffère du droit allemand en ce que pour l'Allemagne la responsabilité est purement réelle, le créancier n'ayant en certains cas pour débiteur que le navire et le fret, tandis que l'Angleterre admet la responsabilité personnelle, mais limitée à forfait.

Les États-Unis admettent la responsabilité personnelle *in infinitum* du propriétaire, mais dans certains cas il se se libère par l'abandon de la valeur de son intérêt (3), comme en droit français, pour les torts et dommages causés par le navire; ceci, pas pour chaque accident, mais pour toute la durée du voyage. La valeur est calculée avant la faute cause du préjudice. Pour les engagements la responsabilité est indéfinie. Enfin, une loi du 15 février 1893 (4) supprime complètement toute responsabilité, si l'ar-

3. Loi du 3 mars 1851.
4. R. I. VIII. p. 632.

mateur a fait diligence pour que le navire soit armé, équipé convenablement, pour les fautes ou erreurs de navigation ou pour les dangers de mer. Il y a là une mesure très favorable aux armateurs, supprimant toute responsabilité du commettant à l'égard du préposé dans la plupart des cas. On a réclamé en France, l'irresponsabilité du propriétaire par les fautes nautiques

§ II. — *Conflits de lois.*

De cette diversité de législations, naît une question, dont la solution est d'une haute importance étant donné l'extension des rapports maritimes, et la variété des pavillons que fréquentent les mers : quelle loi devra-t-on appliquer quand le propriétaire étranger est poursuivi à raison des contrats ou des faits de son capitaine ? Devra-t-on admettre qu'il puisse opposer, en principe la faculté d'abandon, ou si on aime mieux, la faculté d'abandon est-elle un droit civil purement réservée aux Français, auquel cas, il n'y aura pas à s'inquiéter de la loi étrangère. Si on ne reconnaît pas ce caractère à l'abandon, cette deuxième question se pose : n'est-il pas préférable de s'en rapporter à la loi étrangère pour ce qui est de la limitation de la responsabilité ?

L'abandon est-il un droit civil purement réservé aux Français. S'il en est ainsi, la question serait fort simple. Il y aurait un droit exclusivement réservé à nos nationaux, eux seuls pourraient s'en prévaloir, et l'étranger ne pourrait non seulement pas invoquer la loi française, mais, si sa législation était semblable à la nôtre, il n'en tirerait aucun profit ; en effet un étranger ne peut, dans ce système, se prévaloir de notre loi quand bien même le droit qu'il invoque serait reconnu par la sienne.

Sans m'arrêter, ce qui ne rentre pas dans le cadre de cette étude, à la discussion des systèmes inspirés par l'art. 11 du Code civil, je dois rappeler que pour les uns, l'étranger jouit en France, de tous les droits qui ne lui ont pas été expressément enlevés par la loi française (5), auquel cas notre question serait facile à résoudre, car il n'existe assurément aucun texte enlevant à l'armateur étranger le droit de se prévaloir du droit d'abandon. Un autre système, qui est celui de la jurisprudence, consiste à distinguer parmi les droits appartenant à nos nationaux, ceux dérivant du droit des gens et ceux dérivant du droit civil. Ces derniers seuls seraient refusés aux étrangers. Or, dit la jurisprudence, l'art. 216 appartient bien à ces derniers (6). L'art. 216 a été édicté purement dans l'intérêt de notre marine, pour amener son développement en favorisant les armements : concéder les mêmes droits aux étrangers, ce serait aller absolument contre l'esprit de la loi ; de plus, les restrictions apportées à la responsabilité sont différentes selon les divers pays : l'abandon est donc bien un fruit du droit positif, du droit arbitraire. Pour qu'on pût l'accorder, il faudrait que la loi étrangère accordât la même faveur à notre marine. C'est cette thèse rigoureuse qui a été ad-

5. Weiss. *Traité élémentaire de droit international privé*, p. 355. — Lyon-Caen, note sous l'arrêt de Rennes. S. 1888. 2. 25.

6. S. 1888. 2. 25 ; H. 1893. II. p. 193.

mise par la jurisprudence ; mais plus logique que celle de Rennes, la cour de Rouen, tirant du système ses conséquences logiques, a décidé qu'on devait appliquer le droit commun, c'est-à-dire reconnaître la responsabilité illimitée de l'armateur.

Je repousse ce système, par ce qu'en fait, loin de protéger nos intérêts commerciaux, il ne pourrait que leur être nuisible, et qu'en droit, il ne me paraît pas admissible. D'abord est-il bien exact de dire que l'abandon n'est pas un droit naturel ? par droits naturels, nous disent Aubry et Rau (7), on entend « les facultés et avantages, qui sont communément envisagés, par les diverses nations policées comme découlant du droit naturel, ou qui, se trouvant en fait généralement admis dans leurs législations et faisant ainsi partie du *jus gentium*, ne sont point à considérer comme particuliers au droit de tel ou tel peuple. » N'est-ce pas en réalité le cas de la faculté d'abandon ou si on aime mieux, ne voit-on pas que tous les peuples ont cru devoir substituer à la responsabilité illimitée un mode de libération exceptionnel, c'est ce mode qui sous ses diverses formes est du droit des gens. D'ailleurs, il s'agit d'une loi commerciale, or on admet que tout ce qui a trait au droit commercial, s'applique non seulement aux régnicoles, mais encore aux étrangers. Il est vrai que la Cour de Rouen répond que ce qui est du droit des gens, c'est le droit de faire le commerce, *le jus commercii*. C'est là une opinion absolument en opposition avec la doctrine et la jurisprudence (8). Je signale enfin ce qu'il y aurait de fâcheux, si un arma-

7. Aubry et Rau, T. I, p. 18.
8. Lyon-Caen et Renault. *Traité.* I, n° 11.

tour étranger, auquel sa loi accorde l'abandon, ne pouvait l'invoquer pas plus que l'art. 216, et se trouvait dès lors tenu *in infinitum*.

La faculté d'abandon étant du droit des gens; devra-t-on, en notre matière, appliquer la loi française ou bien la loi étrangère.

Il y a, sur ce point, plusieurs systèmes.

Le premier, que je n'hésite pas à écarter, admet que l'on doit appliquer la loi du pays où siège le tribunal qui a à juger les difficultés nées à la suite des actes du capitaine ; autrement dit, c'est le système de la *lex fori*.

Ce système a été, comme je l'ai indiqué, admis par la loi anglaise pour les faits dommageables ; mais, en ce qui concerne les engagements, le juge anglais, n'étant pas contraint par un texte, n'a pas hésité à lui faire échec. Il a permis à un armateur français, poursuivi à raison d'une lettre de grosse, de se libérer par l'abandon du navire et du fret (Arrêt de la Cour du Banc de la Reine 1864)(9).

En Belgique, en Allemagne, aux États-Unis, la jurisprudence applique la *lex fori*. En France même, le système a trouvé des défenseurs (10). Quels sont les arguments que l'on fait valoir ? Il est, dit-on, de beaucoup le plus simple ; en effet, les juges n'auront qu'à appliquer la loi de leur pays, loi qu'ils connaissent parfaitement; on évitera ainsi des applications erronées de la loi étrangère qu'ils pourraient posséder d'une façon incomplète.

9. Cité par Desjardins, t. 2, n° 306.
10. De Valroger. R, I, p. 493 et suiv. *Journal de droit international privé*, 1893, p. 883.

On peut répondre que, tous les jours, les juges sont obligés d'appliquer une loi étrangère. L'étranger qui a accepté le débat devant nos tribunaux, l'a fait par nécessité, et non volontairement. Il n'a donc pas voulu se placer sous l'empire de notre loi, et, par suite, en invoquer les avantages. Ce système a, d'ailleurs, un grand désavantage, c'est de ne pas permettre au propriétaire de connaître par avance, sa responsabilité, tout dépendant de la loi du tribunal saisi. En cas d'abordage, l'inconvénient est très grand : la personne lésée pourrait, d'après l'opinion la plus générale, opter entre plusieurs tribunaux, ne siégeant pas dans le même pays, et appliquant, avec le système que je combats, des règles différentes sur l'étendue de la responsabilité des propriétaires de navire. Le demandeur pourrait donc traduire le propriétaire devant la juridiction, dont la loi admettrait la responsabilité la plus étendue.

Si la *lex fori* n'est pas applicable, il faut, selon moi, repousser également la loi du pays où le contrat a été passé par le capitaine (*lex contractus*); celle du pays ou le délit a été commis par lui (*lex delictus*). Il ne s'agit pas en effet, de déterminer la loi qui régit les effets du délit ou du contrat, mais de savoir, jusqu'à quel point le propriétaire est lié par le mandat qu'il a donné. Il s'agit, en résumé, de déterminer la loi qui fixe la responsabilité du propriétaire. Le seul effet que peut produire le fait par des tribunaux d'être saisi du litige, est de soumettre la question de *forme* à leur loi.

Ce système écarté, j'arrive à celui qui me paraît préférable : c'est celui de la loi du pavillon.

Si le propriétaire est responsable, c'est parce que son

préposé l'a lié par ses actes ou par les contrats qu'il a passés. Mais, je remarque que, s'il en est ainsi, c'est parce que la loi identifiant le préposé au préposant, rend le second responsable du premier, et, que, si les effets du recours des tiers contre le propriétaire sont limités, ce n'est pas parce que le mandat limite les pouvoirs du capitaine ; mais, parce que la loi, qui règle ces pouvoirs, limite dans un intérêt supérieur leurs conséquences, restreint leurs effets dans un but de protection nationale d'encouragement aux armements. Ceci est tellement vrai qu'une restriction, dans le mandat, aux pouvoirs du capitaine, demeurerait sans effet à l'égard des tiers qui l'aurait ignorée. Ce n'est donc pas le mandat qui limite la responsabilité du propriétaire, mais la loi dont il relève à ce titre, c'est-à dire, celle du pays auquel le navire appartient, auquel il emprunte sa nationalité, bref, de la loi du pavillon. Or, cette loi, qui sert à fixer les pouvoirs du capitaine et pose le principe de la responsabilité du propriétaire, « il est logique qu'elle soit consultée pour fixer les conséquences, à l'égard de ce propriétaire, des actes faits par le capitaine en vertu de ces pouvoirs, et l'étendue de cette responsabilité » (11).

Avec ce système, l'armateur connaîtra, par avance, l'étendue de sa responsabilité : il ne sera plus à la merci des hasards de la navigation. C'est là un résultat qui milite en sa faveur.

En adoptant cette opinion, j'ai repoussé celle consacrée par la Cour de cassation, à savoir que la responsabilité du propriétaire devra être déterminée par la loi sous l'em-

11. Lyon-Caen. Renault, *Traité*, V, n° 268.

pire de laquelle le mandat est donné. Il semble, au premier
abord, que la loi du pavillon et celle du mandat dussent
se confondre, soit parce que le capitaine aura reçu le plus
souvent ses pouvoirs de l'armateur au port d'attache, soit
même, s'il les a reçus en route, parce que leur nationalité
étant la même, il est clair qu'ils ont entendu se référer, pour
tout ce qui est du mandat, à leur loi commune. On peut
citer des cas où elles ne s'identifient pas ; par exemple, s'il
y a plusieurs copropriétaires de nationalité différente, le
mandat n'est plus régi par la loi du pays du navire, pour
ceux qui sont de pays différents, dans le système autre que
celui de la loi du pavillon. Celle-ci, tout en se confondant
avec celle du mandat, généralement, offre donc une bien
plus grande fixité, ce qui le rend préférable.

Le commerce maritime s'est souvent plaint de ces différences de législations et d'interprétations de la jurisprudence. Il a appelé de ses vœux une règle fixe et unique
qui puisse lui permettre de connaître exactement l'étendue
de sa responsabilité et de ses droits.

Lors du congrès d'Anvers, la question s'est posée et il
a été décidé que « la loi du pavillon détermine l'étendue
de la responsabilité ou de la garantie du propriétaire à
raison des actes du capitaine et des gens de l'équipage. »
Le congrès de Bruxelles également, ayant eu à décider
quelle loi serait applicable au cas de conflit, dans un certain nombre de circonstances, a admis la loi du pavillon,
et parmi les cas où elle désirait la voir appliquer, je relève
toutes les questions ayant trait à la responsabilité du propriétaire du navire.

Toous ces vœux en faveur de notre solution prouvent

qu'il y a là un système admis par les gens de métier ; or, si on doit tenir compte du *consensus omnium*, c'est bien en matière maritime, où la pratique joue un si grand rôle. Il ne faut pas non plus oublier que le commerce maritime, par sa nature, est international, et qu'on doit s'efforcer, autant que faire se peut, d'arriver à l'établissement de certains principes communs, qui entraînent des règles précises, fixes, et répondent aux besoins de tous les pays. C'est ce qu'on s'est efforcé de faire, en adoptant la règle de la loi du pavillon, pour un certain nombre de conflits.

CHAPITRE IX.

CONCLUSION.

Après avoir examiné la loi française et les législations étrangères, il faut se demander si le système sanctionné par l'art. 216 est le meilleur ; si, au contraire, il mérite toutes les critiques qui l'ont si souvent assailli de la part des jurisconsultes et des économistes ; s'il y a là une véritable banqueroute organisée par le Code, comme on a été jusqu'à le prétendre lors de la discussion de la loi de 1841, permettant au propriétaire de tromper les créanciers. Faut-il préférer à notre loi le système anglais ? je ne le pense pas.

Cette loi anglaise a soulevé de justes critiques. La navigation à vapeur se développant, la valeur des navires est devenue considérable ; la restriction de la loi laisse encore une lourde charge sur les armateurs. La nouvelle loi est purement arbitraire, en fait, comme l'ont fait observer les praticiens et les auteurs anglais, les petits navires sont sacrifiés aux grands, la marine à voile à la marine à vapeur ; en effet, le taux de 8 ou 15 livres par tonneau de registre est bien inférieur au prix du tonneau du grand navire, et il est parfois supérieur au prix du navire à voile, si celui-ci a déjà rempli une longue carrière. Ces inconvénients ont été reconnus lors de la discussion de la loi au

Parlement anglais par lord Palmerston, qui faisait remarquer que la nouvelle loi pouvait créer un léger accroissement de responsabilité des propriétaires de petits navires. Il y a donc inégalité de traitement entre les propriétaires.

Il ne faut pas accorder au système anglais l'avantage d'avoir contribué au développement si brillant de la marine du Royaume-Uni, en rassurant les prêteurs qui sont toujours sûrs de trouver en face d'eux un armateur pour répondre des faits et des contrats passés par le capitaine. En effet, en ce qui concerne les faits avec les limitations qui leur sont accordées par la loi, les armateurs anglais ne se sont pas jugés suffisamment protégés, ils ont voulu une protection efficace, et ont eu recours à différents procédés. Pour les chargeurs, les grandes compagnies de navigation ont inséré dans leurs charte-parties une clause restrictive de leur responsabilité, ainsi conçue : « le fait de Dieu, des ennemis du roi, l'incendie, tous les dangers et accidents de la navigation maritime et fluviale, de toute espèce et de toute nature étant toujours exceptés. » Des sociétés d'armateurs se sont également formées pour mettre en commun leurs risques personnels, en répartissant les risques sur la masse. Il ont formé ainsi une assurance mutuelle contre les risques des tiers (1). Les armateurs font encore une société limitée, pour l'exploitation d'un seul navire. Si celui-ci cause un dommage, et que, par suite de l'accident, il ait perdu sa valeur, la compagnie, ne possédant pas d'autre propriété, se trouve dégagée en fait. Ainsi dans la pratique, en Angleterre, on a reconnu la nécessité de

1. De Courcy, II, p. 235 et suiv.

protéger les armateurs. Or cette unanimité, ce mouvement non-interrompu vers l'irresponsabilité du propriétaire, ne sont-ils pas un témoignage probant en faveur de la restriction de la responsabilité du propriétaire. S'il en était autrement, il faudrait, en effet, s'étonner qu'une marine ait pu se développer et prospérer sous cette effrayante menace de responsabilité.

Contre la loi française, on dit l'armateur, loin de trouver un danger dans la loi qui le contraint à choisir son capitaine dans un groupe déterminé d'individus, y rencontre une garantie de savoir et d'expérience. Mais quels que soient le soin, qu'il apporte à faire son choix, le savoir exigé du capitaine par la loi ; qui peut répondre que le meilleur capitaine n'aura pas un moment de défaillance et qu'il sera un bon administrateur ! On comprend donc bien que la loi française ait cru devoir limiter la responsabilité. Je sais qu'on peut dire qu'il peut en être de même pour tous les préposés, et que les Compagnies de chemin de fer encourent d'énormes responsabilités, pour citer un exemple, sans avoir eu pour leurs agents une garantie de capacité professionnelle, et que rien ne vient, cependant, modérer les charges qui leur incombent. Je crois que la situation n'est pas comparable. Les armateurs ont une grande infériorité sur les autres mandants, c'est l'impossibilité de toute surveillance. Le navire parti, le capitaine est seul maître, et il peut gravement compromettre la fortune du propriétaire, sans que celui-ci soit en mesure de le contrôler. Quant au choix du capitaine parmi des marins dont la capacité a été constatée, l'argument me semble insuffisant, en ce sens que c'est seulement la capacité professionnelle qui peut être constatée ; que ce choix n'assure ni la probité, ni la prudence ; et qu'il restreint en somme, la liberté du mandant de désigner son mandataire.

Devrait-on aller plus loin encore, et exonérer complètement l'armateur de toute responsabilité, quand il s'agit de fautes qui proviennent de l'équipage. C'est en réalité, une disposition semblable à celle de l'art. 1384 déchargeant de la responsabilité les pères, mères, quand ils n'ont pu empêcher les faits, qu'on voudrait introduire. Comme en fait, ainsi qu'on l'a fait remarquer, il est certain que les armateurs sont, dans l'immense majorité des cas, dans l'impossibilité de surveiller leurs équipages, ce serait purement et simplement supprimer la responsabilité des armateurs, pour ces faits. En Angleterre, la pratique est arrivée, à un résultat pareil, et la nouvelle loi des Éttas-Unis, que j'ai citée au chapitre précédent a formellement sanctionné le principe.

La jurisprudence de la Cour de cassation a reconnu également la validité absolue des clauses d'exonération des fautes du capitaine, qu'elles soient commises dans la direction nautique ou dans l'exploitation commerciale du navire ? Il en résulte que la limitation légale de notre article 216, est devenue en fait, quand il s'agira de chargeurs, sans aucune utilité: Sa reconnaissance de la validité de cette clause, aménera son extension à tous les connaissements. Doit-on le regretter, je ne le pense pas. Moyennant une prime d'assurance, le chargeur sera protégé contre les ris

<hr>

2. Cassat. 14 mai 1877. S. 79. 1. 423 ; Cass. 22 janvier 1884. R. I. 1, p. 342; Cassat. 31 juillet 1888. R. I. IV, p. 129 ; Cass. 20 juillet 1891. R. I. VII, p. 115.

ques, provenant des fautes du capitaine ou de l'équipage, l'armateur ayant une moins grande responsabilité, voyant sa fortune à l'abri des risques, se montrera plus hardi dans les armements, et aura toujours intérêt à ne pas se montrer négligent, la faveur du commerce lui étant trop nécessaire pour qu'il ne se montre pas zélé. La responsabilité du capitaine demeurera toujours comme garantie, car, s'il accomplissait mal ses devoirs, il aurait trop à craindre, étant toujours personnellement et quelquefois pénalement responsable de ses fautes.

On fait valoir que les grandes compagnies, ayant un véritable monopole pour le transport, les clauses d'irresponsabilité retomberont sur les chargeurs qui auront la prime d'assurance à payer. En fait, les chargeurs s'assurent toujours ; en outre, la non responsabilité ferait baisser le fret, compensant ainsi la prime d'assurance pour ceux des chargeurs qui n'auraient pas assuré leurs envois, sans cette clause d'irresponsabilité.

Je crois qu'il faut admettre l'irresponsabilité pour les fautes nautiques du capitaine. L'armateur en le choisissant, sous le patronage de l'État, me semble avoir accompli tout son devoir.

C'est surtout en matière d'engagements que des réclamations se sont élevées.

Je remarque d'abord que le Code de 1807 n'accordait pas la faculté d'abandon pour les engagements, selon l'interprétation de la jurisprudence, et que ce fut sur les réclamations des chambres de commerce qu'on introduisit le mot engagements par la loi de 1841, dans l'art. 216. J'ai indiqué que toutes les lois récentes ont adopté notre systèm.

français, et que malgré les attaques dont il était l'objet, elles ont reconnu la nécessité de limiter les engagements. Il y a là un consentement général qui est un argument en faveur de notre droit. Il faudrait croire que, dans tous les pays, les législateurs et les praticiens se seraient trompés sur les véritables intérêts des armements.

Partout, on a considéré que si le commerce était par lui-même fort aléatoire, le risque maritime doublait cet aléa; et, que si un propriétaire voulait bien risquer une partie de sa fortune, il entendait que celle qu'il ne livrait pas aux risques de mer demeurât protégée. Si l'on décidait le contraire, on paralyserait bien des entreprises, car en France, surtout en matière maritime, l'esprit d'entreprise est fort timide. La constitution d'une société anonyme, qui pourrait obvier aux inconvénients d'une responsabilité absolue est souvent difficile, et enfin « il ne peut être question de constituer une telle société pour une seule personne ou un nombre de personnes inférieur à sept » (3).

Ce ne sont pas seulement les lois qui ont admis la limitation de la responsabilité des engagements du capitaine pour le propriétaire, les congrès de droit maritime d'Anvers, de Bruxelles, comme j'ai eu déjà l'occasion de le dire, ont sanctionné par leurs décisions notre système. Au point de vue de leur capacité professionnelle, le propriétaire est astreint à choisir, dans une classe restreinte, son capitaine, et sauf en ce qui concerne son savoir de marin, il ne trouve aucune garantie à cette restriction. Il est certain que le capitaine peut se laisser aller à compromettre gra-

3. Lyon-Caen et Renault, *Traité* V, n° 199 *in fine*.

vement le crédit de l'armateur. On dit, il est vrai, que les propriétaires de navire, peuvent aujourd'hui se renseigner, donner des ordres, très rapidement, et qu'ils peuvent du centre de leurs affaires continuer à surveiller leurs mandataires. Je reconnais qu'il y a du vrai, dans tout ceci ; mais il ne faut pas exagérer : d'ailleurs, si les communications sont rapides et peu coûteuses, il sera toujours aisé au créancier d'exiger un engagement personnel.

On invoque aussi, en faveur de la responsabilité du propriétaire, en matière d'engagements, l'Angleterre. En effet, les tiers sont toujours sûrs d'être payés, dit-on ; en fait, par des procédés particuliers, les armateurs anglais arrivent parfois à rendre le recours illusoire. Il n'y a donc pas là une cause d'infériorité pour notre marine.

La marine anglaise a pris un grand développem nt ; mais, est-ce à l'art. 216 qu'il faut attribuer l'état de souffrance dans lequel se trouve la nôtre. Je ne le crois pas. L'exemple des marines qui ont pris un large essort comme les marines scandinave, allemande ou italienne sont là pour prouver qu'il ne suffirait pas de restreindre la portée de l'art. 216 pour donner de l'essor à notre flotte marchande. Ces marines se sont développées malgré les restrictions apportées à la responsabilité du propriétaire. Je crois que la raison est bien plus dans le manque du fret de sortie, par la nature même de nos produits qui pèsent peu et présentent un faible volume ; dès lors, l'armateur est obligé d'exiger un fret de retour plus considérable ; de plus le fret de sortie peut seul offrir une base d'opération sûre, le fret d'entrée qu'il faut chercher au loin n'étant jamais qu'une éventualité. L'intercourse ayant été supprimée, les marines

étrangères ont pu venir disputer le commerce maritime
entre la France et ses colonies, à notre marine, qui a ainsi
perdu une source de frets. Je crois que ce sont là, bien
plus que dans l'irresponsabilité du propriétaire, telle que
l'a établie l'art. 216, qu'il faut chercher les raisons d'une
décadence dangereuse.

Je crois donc que le système de notre loi ne mérite pas
les attaques dont il a été objet. Il pourrait y avoir lieu à
des corrections de détails ; dire, que l'abandon, par exemple, ne sera jamais opposable aux marins ; car, si on veut
encourager les armements à l'aide d'un privilège incontestable, ce ne serait que justice d'encourager les populations
à embrasser le service maritime, en restreignant ce privilège.
Les raisons d'utilité publique, de bienveillance se retrouvent
ici avec plus de force, peut-être, que quand on parle des
armateurs.

Étant donné, qu'on admet la protection des armateurs,
je préfère le système français, à celui de l'Allemagne. La
responsabilité encourue par l'armateur peut être encore
fort lourde selon la loi allemande. Il faut reconnaître la
supériorité des lois qui ont, en revanche, réglé la procédure,
les effets de l'abandon. Notre loi s'est montrée trop peu
explicite sur ces différents points.

Je ne veux pas terminer cette étude sans parler de la
transformation radicale que le Congrès de Gênes a proposé
de faire subir au droit maritime.

Le droit français a depuis longtemps fait du navire une
sorte de personne civile. Le Congrès de Gênes, a cru devoir
tirer les conséquences de cette idée et les pousser à l'ex-
trême.

A   16.

Il a décidé que chaque navire était une individualité juridique à responsabilité limitée, jusqu'à concurrence de ce qui compose son patrimoine. L'armateur représentera et administrera activement et passivement le navire ; il ne s'obligera pas lui-même. Il est bien probable d'abord, qu'au cas où il empruntera lui-même, on exigera toujours un engagement personnel, et dès lors, il ne gagnera rien à ces modifications, et c'est là une première objection.

Le Congrès de Gênes, en demandant en outre, une modification générale des législations, me paraît avoir entrepris une tâche bien longue et bien difficile. Je préfère les solutions des Congrès d'Anvers et de Bruxelles. En défendant le principe de l'art. 216, j'ai, par là même, défendu les solutions qu'ils ont préconisées. Enfin, et c'est par là que je termine, étant donné l'état actuel des législations, leurs efforts avaient bien plus de chance d'aboutir, et, en ralliant les autres pays à notre législation, de faire accomplir au droit maritime un premier pas dans la voie de l'unification, si désirable au point de vue des intérêts du commerce.

POSITIONS PRISES DANS LA THESE.

Droit romain.

I. L'action exercitoire est l'action du contrat modifié.

II. L'action exercitoire fut introduite antérieurement aux autres actions dites *adjectitiæ qualitatis*.

III. L'exception du sénatus-consulte Macédonien ne peut être opposée à celui qui a prêté au fils de famille comme *magister navis*.

L'action exercitoire suppose, à l'origine, un préposé en puissance.

Droit maritime.

I. L'abandon n'est pas translatif de propriété.

II. Le propriétaire de navire peut, par l'abandon, se libérer de payer les loyers de l'équipage, s'il a été engagé dans un lieu autre que celui de sa demeure.

III. La faculté d'abandon ne peut être invoquée par les chargeurs.

IV. L'indemnité d'assurance ne doit pas être comprise dans l'abandon.

POSITIONS PRISES EN DEHORS DE LA THÈSE.

Droit romain.

I. La première consécration législative de la loi rhodienne remonte au règne d'Auguste.

II. Alors même qu'il a obtenu la liberté en se rachetant, l'affranchi promet valablement des services au patron.

III. La *successio in locum* a lieu en faveur du créancier chirographaire qui a remboursé un créancier privilégié.

IV. Le fils de famille peut divorcer malgré le père de famille.

Droit civil.

I. La dot mobilière est aliénable.

II. Les père et mère naturels ne peuvent réduire, de leur vivant, leur enfant à la moitié de sa part héréditaire sans son consentement.

III. La responsabilité du voiturier, en cas d'accident, arrivé aux voyageurs, a sa source dans le contrat de transport, et non dans les art. 1382 et suiv.

IV. Le bail à colonat partiaire est un louage, malgré les éléments de société qu'il contient.

Droit maritime.

I. Le rôle d'équipage fait foi des conditions d'engagement.

II. Les clauses d'irresponsabilité de l'armateur, à raison des faits du capitaine, insérées dans les connaissements, sont valables.

Droit commercial.

IV. Le vendeur (même au comptant) d'effets mobiliers, lorsque l'acheteur tombe en faillite avant la livraison, a le droit de demander des dommages-intérêts, à raison de l'inexécution de la vente, en s'appuyant sur l'art. 1184 C. civ.

Histoire du droit.

La maxime *Virgini creditur prægnanti* n'avait trait, dans notre ancien droit, qu'au payement de la provision nécessaire à l'entretien de l'enfant pendant le procès.

VU :
Le Président de la thèse
A. LE POITTEVIN

VU :
Le Doyen
COLMET DE SANTERRE

VU ET PERMIS D'IMPRIMER :
Le Vice-Recteur de l'Académie de Paris,
GRÉARD

TABLE DES MATIÈRES

DROIT ROMAIN

DROIT FRANÇAIS

Laval, Imp. et Stér. F. JAMIN, 3, rue Riconlaine.

www.ingramcontent.com/pod-product-compliance
Lightning Source LLC
LaVergne TN
LVHW021946030726
842523LV00001B/307